静養館の庭で、母と。2歳

よちよち歩きを始めた1歳。父が経営する皆生温泉の旅館の庭で

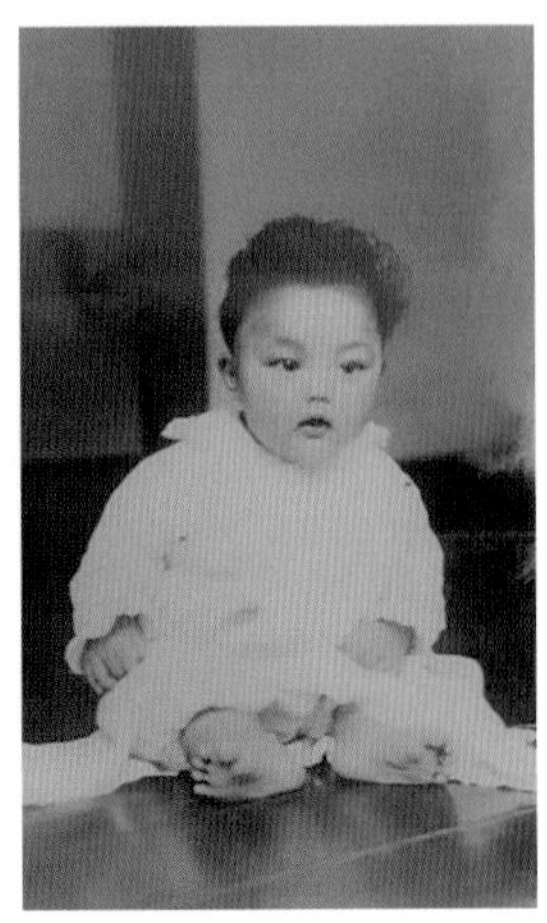

乳児のころの私

日舞の発表会。中学生のころ

北畠の自宅にて。父母、きょうだいと。小学5年生ごろ

庭で、父と母と私。2歳ごろ

長女薪（左）と長男雄。団地のベランダでプール遊び

二人仲良くテレビに夢中

吹田市で開かれた大阪万博の会場で。1970年

太田芳雄さんと晴れて結婚。1965年5月14日

新婚旅行は九州へ

五百藏家の家族旅行。1977年ごろ

憧れていた団地住まい。
白鷺団地のキッチン

エステサロン「サロン・ド・ビアン」オープン。
1980年5月

団地のママさんコーラスの発表会。
1972年ごろ

仕入れをしていたA化粧品会社の集まりで

「夢中」が変えた私の人生

—主婦からビジネスのトップリーダーに—

目次

序章　生誕地への旅

第1章　お嬢様と呼ばれて

戦後は大阪へ

「華麗なる一族」のような

反対を押し切って恋愛結婚

団地暮らしを満喫

第2章　仕事がしたい

第3章　アメリカ発健康補助食品と私のビジネス

序章　生誕地への旅

人生の出発点へ

春らんまん。今、皆生温泉を旅しています。皆生温泉は、鳥取県の米子市の北側、美保湾に面したところにある温泉地。「皆、生きる」と書いて、「かいけ」と読みます。私はこの地で生まれました。

さっき、白い砂浜を歩いてみました。美しい海岸線に松並木が続いていて、大山を間近に望むことができます。白浜青松と言われているみたいです。海水浴と温泉の両方を楽しめる温泉リゾートなので、夏はきっと混み合うことと思います。今は、ゴールデンウィーク前の時期なので、観光客はまばら。ゆっくり散歩を楽しんでいます。

私は今、81歳。2年前に最愛の主人を見送り、一人暮らしをしています。今まで元気で生きてこられたので、この機会に自分の人生を少し振り返ってみようと思っています。

そこで、まず思い立って、皆生温泉にやってきました。ここへ来る前に、ちょっと足を延ばして、出雲大社にお参りに行ってきました。そして、長女の薪(まき)と合

まず出雲大社にお参りして

流したのです。

これまで、家族で一緒に旅行に行ったことはありますが、長女と二人だけで旅をしたことはなくて、今回が初めての母娘旅です。

1日目は、お天気があまりよくなかったのですが、二人で海岸や温泉街を少し歩いてみました。日本海側の地域は、すっきり晴れることが少なくて、どんよりしたお天気が多いようです。

皆生温泉のあたりはよく雨が降るところらしく、「弁当忘れても、傘忘れるな」と言われているのだそう。すっきり晴れていたら、海がもっともっと美しく見えたかもしれません。

お宿は、皆生菊乃家さんという老舗の旅館を予約しました。お部屋からの日本海のオーシャンビューが本当に素晴らしいお宿です。

皆生温泉は、明治時代の初め、海面が泡立っているところが、実は温泉が湧き出しているのだとわかり、「泡の湯」と言われていたのだとか。大正時代になって、リゾート地として開発され、海辺に旅館が次々に建てられたと聞いています。

泉質は、海から湧くくらいですから、ナトリウムとカルシウムの塩化物の温泉。海水の成分を多くふくんだ弱塩泉は、美肌の湯と注目されているのだとか。お宿で、美肌の湯をゆっくり楽しみます。

ある投稿記事から

皆生菊乃家さんは、菊水別館として1964（昭和39）年に開業した老舗旅館です。柴野社長のお母様で、皆生菊乃家の大女将（おおおかみ）の柴野恵美子さんが、以前新聞に投稿された記事をネットで読み、いつか皆生温泉に行ってみたいと思っていました。

柴野恵美子さん投稿のタイトルは、「特攻隊　平和への祈り」。

大東亜戦争のさなか、女学生だった私には忘れられない思い出がありました。当時、皆生温泉には、数十軒の旅館があり、その一角に父の経営する旅館もありました。病院や旅館は傷病兵、特攻隊員、戦争に関わる人たちの宿として利用されていました。父の旅館も特攻予科練習生の宿として、25人ほど1か月余りお世話をしました。

隊員は早朝から夜遅くなるまで三柳飛行場に訓練に通っていました。十六、七から20歳前後の隊員の中には、「僕たちが戦果を挙げて必ず勝ちますから」とけなげに言っている少年も何人かいました。父はそんな隊員たちを我が子のようにいとおしく思い、食事だけは十分に食べさ

皆生温泉の浜辺で。父と母と。1歳のとき

せてあげたいと、食糧難の中、食材探しに奔走していました。隊員の喜びが、また父の喜びでもありました。（後略）

私は、皆生温泉で生まれて、4歳まで過ごしていました。実家は大阪にありましたが、銀行員だった父が皆生温泉の旅館を持っており、母をその旅館の女将（おかみ）として送り込んでいたそうです。うちの旅館の名前が「せいよう館」と子ども心に覚えていますが、どのような漢字を書くのかは、全くわかりません。

母がどうして旅館の女将を任されたのかというと、父の銀行と取引のあった皆生温泉の旅館の一つが倒産して、抵当に入った旅館が競売になり、父が買い取ったようです。父は銀行員でしたが、事業家精神にあふれる人で、母が適任だと考えたようです。

終戦間際のことだったと思いますが、当時のことで、幼心にあざやかな記憶として残っていることがあります。

せいよう館にも若い兵隊さんたちが滞在していて、代わる代わる私を抱っこしてくれたのです。若いお兄さんたちにかわいがってもらって、とてもうれしかったことは、今でもはっきり思い出します。

面白いものです。皆生温泉にいたころのことで、覚えていることはとても少ないのですが、そのことは本当にしっかり覚えているのです。

兵隊さんたちがみんなで、私と兄に制服をかけてくれました。「ちょっと、この帽子もかぶってみて」って。今で言う、コスプレみたいな感じで、帽子やちょっとした小物もたくさん付けてくれました。

兵隊さんに抱っこされている写真や、兄と2人で特攻隊の兵隊さんたちの帽子をかぶって、並んでいる写真が残っているからなのかもしれませんが。

父は毎週末、大阪から皆生温泉に来ていたと聞いていますが、ときどき、2歳年上の兄も来ていたようです。

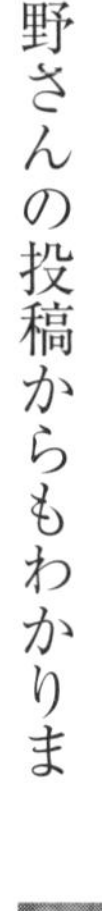
柴野さんの投稿からもわかりま

2歳年上の兄（右）と

せいよう館の庭にて、父と母、女中さんたちと。中央が2歳頃の私

すが、戦争中、皆生温泉は、軍の傷病者が療養する指定の温泉宿となっていたといいます。終戦が近くなったころには、特攻隊が出陣の訓練をしていたらしいのです。その飛行場は、皆生温泉からそう遠くない三柳という場所にあったのです。ですから、療養する兵隊さんたちだけでなく、学徒動員の若い部隊の兵隊さんたちが、皆生温泉のうちの旅館にも滞在していたのだと思われます。

後から思えば、あの兵隊さんたちは、片道分の燃料だけを積んだ戦闘機で沖縄へ飛び、その先のアメリカの軍艦に体当たりして、海に散っていった神風特攻隊の人たちだったのです。出陣せずに無事だったことを祈らずにはいられません。
今考えても涙が浮かびます。

思い出を探す

1945（昭和20）年になって戦争が激しくなったため、私は母の実家の丹波篠山に疎開。皆生温泉を離れました。4歳のときです。その後、皆生温泉には団体旅行で来たことは何度かありましたが、個人的に来たことは全くなかったのです。

今回、皆生温泉に来たのは、本当に何十年ぶりでしょうか。現地に行ってみたら、当時のことが何かわかるか

1945年、滞在していた特攻予科練習生たちと。3歳頃

今回の旅で泊まった『皆生菊乃家』の前で

しら？　何か思い出せるかしら？　と淡い期待と不安が交錯しています。

皆生温泉に出かける前に、長女が地元の図書館やお役所に「せいよう館」について問い合わせをしてくれて、資料なども少し送られてきたので、持参してきています。でも、探している「せいよう館」に関する情報は、その資料の中では見つかりませんでした。

皆生菊乃屋は皆生温泉でもっとも伝統ある旅館で、現在の社長さんは男性、私よりほぼ10歳下の方のようです。予約するときに、私が皆生温泉で生まれ育ったことや、当時の旅館について調べたいことなどをちょっとお話ししておきました。

私たちがお部屋で海の幸たっぷりの豪華なお夕食をいただいているときに、社長さんが挨拶に来てくださって、ご存じのことを話してくださいました。

新聞に投稿されたのは、現在は大女将になられた社長さんのお母様だそうです。昔のことをいろいろ知っていらっしゃるのではないかと期待していましたが、ご高齢のためにお会いしてお話を聞けなくて。とても残念です。

社長さんによると、私が育った当時の皆生温泉は、数十軒の旅館が立ち並んでいて、とてもにぎやかな温泉街だったようです。小さかった私の記憶でも、お庭からそのまま砂浜に行っていたので、海辺にたくさんの旅館が建っていたのでしょう。「せいよう館」についても、温泉旅館組合などに聞いたりして、大分探してくださったようです。

小さかったので、思い出せることはほんのわずかです。子どもでもすぐに砂浜に出られるロケーションだったので、毎日浜辺で遊んでいました。旅館の廊下をよく走り回っている活発な女の子だったのだとか。

翌日、改めて温泉街を歩いてみると、新しく建て直したホテルや旅館が多いので、昔ながらの古い佇まいの老舗旅館は少なくなっているように感じました。

私が育った「せいよう館」は、どの辺りにあったのでしょう。長い年月が経っていますから、建物は壊されて、他の旅館が建っているのかもしれません。たくさん立ち並ぶ旅館やホテルのどれが、元せいよう館の跡地に建った旅館なのかなあ〜。

戦後、父はその旅館を手放したと聞いています。それにしても、旅館に関しては、あまり資料が残っていないみたいです。戦後の混乱期を経ていますから、仕方がないことですが。私も小さかったので、こんな景色だったという記憶も定かではないですし、年月も経ち過ぎていて、長い間に温泉街も様変わりしているのです。結局、特に何もわからないまま、旅が終わりそうです。

当時、自分が遊んでいた何かそのちょっとした場所とかが残っていたりすればよかったのですが。まあ、「私はここで生まれて育ったのね」という思いを新たにしたことで、よしとしなければ。皆生菊乃家さんには、とても親切にしていただいて、感謝しています。また家族でこの地に、菊乃家さんへ来たいと思いました。

母娘二人だけで旅をしたのは今回が初めてでしたので、その意味では、とて

なつかしい浜辺を歩く

も楽しい旅になりました。これまで、運転はいつも私がしていて、長女の運転する車には乗ったことが一度もなかったのですが、今回初めて、現地でレンタカーを借りて、娘が運転する車に乗り、「運転が上手」と思えたのは大きな収穫です。

「静養館」とわかる

現地で皆生温泉開湯100年のときに刊行した資料を見せてもらい、長女がスマホで撮ってくれました。大阪に帰ってきて、その資料をじっくりと見ていると、「静養館」という旅館の記述を発見。それによると、静養館は大正11年の時点で開業していたらしく、皆生温泉の中でも老舗の旅館だったようです。ちなみに母は1910（明治43）年生まれでした。

静養館が建っていた場所は、結局わからずじまいでしたが、これらの情報を得ることができたのは、大きな収穫でした。

一緒に皆生温泉を旅した長女は、「皆生温泉は、海岸線にある温泉というのが売り」っていう感じだと言っています。

最近、古い旅館を買い取って再生させるビジネスが皆生温泉でも広がっているそうです。宿のグループで同じ食事を提供してコストダウンをはかるのです。ホテルや旅館の業界ではそういうブームが起きていると聞きました。100年経ったくらいで、こんなに昔の街並みがわからなくなるものなのでしょうか。古いものを大切にすることの価値を改めて考えてしまいます。

静養館の詳しいことはわかりませんでしたが、今回、生まれ故郷の皆生温泉を訪ねてみて、とてもよかったと思っています。

実は、私、皆生温泉の旅館の息子さんとのお見合い話があったのです。絶対嫌だとお見

現在は階段状に整備されている砂浜

合いを断りましたけれど、もし母の言う通りに素直にお嫁に行っていたら、旅館の女将をしていたかもしれません。そうしたら全く違う人生を歩んでいたと思います。苦労が多くて、大変だったことでしょう。

第1章　お嬢様と呼ばれて

戦後は大阪へ

皆生でひとりっ子として育つ

昭和時代の初期は、戦地へ行く人を増やすために、日本は国をあげて、「産めよ、増やせよ」の時代でしたから、子だくさんのおうちが多かったです。ちなみに我が家も、姉が2人、兄が1人、私、妹の5人きょうだいです。

そのうち私1人だけ、4歳まで母のいる皆生温泉でひとりっ子として育ったのです。兄はときどき皆生温泉に来ていたようですが。大阪の家には、おばあちゃん（父の母）と姉たち、兄、妹と、お手伝いさん2人が住んでいました。

一番上の姉は、1931（昭和6）年生まれで、戦時中は女学生。学徒動員で、大阪森之宮の軍需工場で働いていました。アメリカの軍需工場集中攻撃で爆撃にあったのですが、姉は奇跡的に生き残った一人でした。一緒に働いていたほとんどの女学生が、このとき亡くなったそうです。2番目の姉は、1934（昭和9）年生まれで、小学5年生で和歌山県の高野山へ学童疎開をしています。

戦争が激しくなってきて、皆生温泉にいた私は、丹波篠山にある母の実家に2歳上の兄と2人預けられました。母の実家にいたときに、大阪が爆撃されて、もくもくと黒くたち上がる煙と赤く燃えている炎を、遠く丹波篠山から祖母と一緒に見た光景が目に浮かびます。祖母が「大阪が燃えている」と言った言葉を覚えています。

終戦後は、母も皆生温泉を引き上げて大阪に戻り、家族そろって過ごすようになりました。

焼け残った大阪の実家

1945（昭和20）年3月の大阪空襲のときは、もう竹槍で自衛するしかなかった日本に対して、アメリカ軍は戦闘機から先に油を撒いて、その後焼夷弾を落として、火の海にしたのです。後に聞いたところでは、家の前に自分たちで掘った防空壕に避難していて、多くの方たちが亡くなったそうです。

アメリカ軍は、いろいろな面において余裕があったのでしょう。すでに日本の敗戦を予想し、進駐するときのことを考えていて、５００坪から１０００坪以上の大きな家は爆撃せずに残していたといいます。

私の実家の周囲は、大きな家が多い地域でした。でも、そんな我が家にも、焼夷弾が落ちて、２階を突き抜け、１階のお座敷に直径３メートルぐらいの大きな穴が開いたそうです。病気のために兵役につかず、家を守っていた父は、防空壕には逃げ込まずに、勇敢に火を消し止めたので、幸い我が家は焼けずに残りました。

終戦間近には、アメリカ軍によって広島、長崎と実験的に原子爆弾が落とされ、一瞬にして多くの犠牲者を出すことになりましたが、もう少し終戦の決断が早ければ、広島や長崎で今も後遺症に悩む方々も出なかったのでしょう。

戦争のことを知っていて、語れる人たちは年々少なくなってきています。私も自分が知っていることは、伝えたいと思っています。

進駐軍のチョコレートとガム

１９４５（昭和20）年８月15日に終戦を迎え、いよいよアメリカ軍が進駐してくることに。過去に日本軍が満州に進駐したときには暴力的だったという噂が広がり、世の中は戦々恐々です。ところがアメリカ兵はとても明るく親切で、食べる物が満足にない日本の子どもたちに、ジープからチョコレートやガムなどを投げてくれます。子どもたちはいつも群がって、ジープの後を追いかけていました。

私は４歳か５歳でしたから、大きい子どもたちに押されてしまい、チョコレートやガムを拾えたことは一度もなくて。それまで見たこともないようなカラフルな包装紙に包まれたアメリカ製のチョコレートやガムを少しは食べてみたかった～！　その体験は鮮やかな記憶として残っています。

終戦後は、大豆と麦の配給がありました。でも白米は配られない。そのため、着物とお米を交換するために、母は実家の田舎の方へときどき出かけて行っていたようです。でもせっかく手に入れたお米は、検問でほぼ没収されてしまったのだとか。大阪にもいわゆる「闇市」ができていて、お米はそこで高値で売られていたようです。

終戦になったので、もう空襲は来ないとほっとしたでしょうが、戦後の厳しい食糧難はしばらく続いていくのです。街中のいたるところにお椀を前に置いた傷病兵の方や、浮浪児（親を戦争で亡くした子どもたち）がいました。母はそのような人たちのお椀に幾らかのお金をいつも入れていました。それが子ども心に残っています。私がもう大人になってからも傷痍軍人さんたちが長く巷にいて、私も母と同じことをずっと続けてきました。母から学んだことです。

明治生まれの父と母

父は１９０１（明治34）年生まれの銀行員で役付きでしたから、私の実家は大きな家だったと記憶しています。昔のことなので、いつも家には2～3人の住み込みのお手伝いさんがいました。お行儀見習いでお手伝いさんとして来ていて、私の家からお嫁に行った人もいます。古きよき時代の風習です。皆生温泉の旅館で働いていた人の中には、戦後大阪の家で働いてくれていた人もいたのです。

１９１０（明治43）年生まれの母は、いつも和服姿で、ときには割烹着をつけてこまめに動く、賢い人でした。お座敷の決まった場所にきちんと正座して、お裁縫をしていた姿が記憶に残っています。物が豊かでなかった時代ですから、母自身の着物も、私たち４人の娘の着物も、全て縫っていたようです。２番目の姉は器用だったので、一緒に並んでお裁縫をしていることもありました。母は、週に2日ほど、小唄とお三味線の先生が家に来られ、お稽古していただいていました。

母は5年制の高等女学校を卒業した後、当時財閥だったお宅に行儀見習いとして奉公していたと聞いています。その当時、高等女学校を出ている人は少なかったらしいですが、家庭が教育熱心だったので、進学したようです。クラスも成績で分けられていて1番クラスにいたと、私たち子どもに自慢話をしていました。

その後、お見合いで父のところに嫁ぎ、皆生温泉に旅館の女将を任され、戦後は、料亭を買ったからと、そこでも女将を。父に言われるままに、いろいろな経験をした人でした。今から思うと何でもこなせる母だったかと思います。それはきっと、父が母のことを放っておけなかったのだと思います。母が経営とか、人を使ったりすることなどに長けていることがわかって任せたのでしょう。そういう母を、私は今でも尊敬しています。

戦後は、父は大阪で料亭のほかに、スタンドバーも経営していたようです。小学校低学年のころだと思うのですが、父にときどき連れて行かれました。大人が行くお店に父と手をつないで。場所がどこなのかなんて、もちろん覚えていないのですが。

「五百蔵」という姓

私の旧姓は「五百蔵（いほくら）」といいました。子どものころは、この名前が嫌でした。初めての方は誰も、苗字の読み方がわからないのです。学校時代は、担任の先生が変わるごとに、「いもくら」さん、「いおろい」さん、「いおぞう」さん、などと呼ばれて、みんなに笑われるのです。友達からは「ごひゃく！」とか「ごひゃくさん」などと呼ばれていました。

テストのときは答案用紙に名前を書くだけで時間がかかりますし、学級委員で名前が張り出されたときも、私の名前が長いので、なんだか目立って恥ずかしかったことも。一番上の姉や妹の名前はもっと長くて、「五百藏満智代」「五百藏富紀代」。そして2番目の姉は「五百藏直代」で私と同じ文字数です。

真ん中の一人息子の兄は「五百藏独（ひとり）」という名前。成人してから「ひとり」はよくないと言われて、法名をいただき『弘典』と改名しました。通称は「こうすけ」と読みます。

五百藏は難しい苗字ですが、兵庫県に同じ苗字の方がおられるそうで、また駅名にもあるようです。

子どものころは「くら」という字がせめて一般的な「倉」ならよいのにと思っていました。当時はみんな〇〇子と「子」がついている名前が流行していましたが、私たち姉妹4人は「代」がつきます。父が、この字にこだわりが強かったようです。

「苗字が難しい」と私が嫌がると、母が、

「『五百藏』は、立派な苗字ですよ。『くら』の字も倉庫ではなく、大藏省の『藏』ですよ」

と教えてくれるのですが、当時はやはり、どうしてもっと簡単な漢字の苗字でないのかと不満に思っていました。でも今では、この希少な苗字が嫌いではありません。むしろ、好きになったかも。といっても、嫁いで太田になっているわけですが。

自分の苗字がとても画数が多かったので、「結婚するなら簡単な漢字の苗字の人がいいな」と無意識のうちに思っていたのかもしれません。

私は「太田」という人に嫁ぎました。ちなみに姉は「青木」、妹は「山口」と、画数の少ない苗字の人に嫁いでいます。

父は「五百藏義賢(いほくらよしかた)」、母は「政子(まさこ)」。北条政子の「政子」という名前なので、しっかり者と言われていたようです。昭和ひと桁生まれの姉2人はすでに他界しましたが、兄と私、妹は元気に暮らしています。

私の名前の浩代ですが、「ひろよ」は、子どもには発音するのが難しかったみたいです。昔、かわいい子どもには「ぺ」をつけて呼ぶお父さんが多かったような気がします。明治生まれの父は、私のことを「ひろっぺ」と呼びました。小さいときは、もういろいろに呼ばれていたように思います。

ひろちゃんが「ひょうねえちゃん」になり、そのうちに「よよちゃん」に。最後の「よ」を呼ぶんです。この年になっても、姪や孫たちに「よよちゃん」って、呼ばれています。

幼稚園に行きたかった

話は戦後まもなくのころに戻ります。戦後の日本では、しばらく幼稚園が閉鎖されていた時代がありました。大阪に戻ったときに、私は幼稚園に通う年齢だったのですが、ちょうど戦後の混乱期で閉園の時期で通えませんでした。2歳上の兄は通っていましたし、4歳下の妹のときには、幼稚園が再開されていたので通えました。幼稚園は義務教育じゃないので、戦後すぐには再開しなかったのだと思います。

でも、「自分は幼稚園に行けてない、行けてない」と、子ども心にずっと思っていました。私は何の不自由もなく育ったのですが、幼稚園だけが予想外の出来事で、残念だったのです。その当時の行けなかった思いは忘れられません。

妹が幼稚園でお遊戯や歌を習ってきて、よく家で歌ったり、踊ったりしていました。私は小学生になっているのに、それを真似て、歌ったり、踊ったりしていました。

白いごはんが食べたい

皆生温泉では、戦争中でも兵隊さんがいらっしゃるから、食べ物もそんなに不自由はしなかったと思います。戦後、大阪の実家は、どちらかといったら、よそのお宅よりも食料が確保できていたのかもしれません。それは、父の地位があったからだと思います。いろいろな意味で、父が兵役を免れていたこともありますし、銀行員でしたし、恵まれていたことはあったようです。

戦後、実家のお向かいに大きな家がありまして、そこは食べ盛りの男の子ばかりの5人兄弟。私の家は食料があったのでしょうか。お向かいのおうちはお食事が足りないみたいだからといって、食料を分けて差し上げていたようです。

小学生になって、学校給食が始まりましたが、黒いコッペパンと野菜スープ。パンも一等粉は白いパン、二等粉は黒っぽいパン！　ごはんも麦ごはんでした。いつも白いパンや白米が食べたいと思って過ごした子ども時代だったなあと思います。

当時は大豆の配給なので、家では大豆ごはんなのです。私は子どものころは大豆が大嫌い。大豆をお茶碗から外につまみ出すと、ごはんは3分の1ぐらいの量になってしまいました。

丹波篠山の祖父の家に疎開していたときのこと。祖父だけに白米のごはんが出されていて、私たちは大豆ごはんです。2歳年上の兄もきっと、白いごはんを食べたかったのでしょう。兄が祖父のためのおひつの中の白いごはんを、おかずもなしで一人で全部食べてしまい、叱られていたことがありました。

今の方たちには、想像できないことだと思いますが、当時は本当に白いごはんが食べられなかったのです。

「華麗なる一族」のような

父の収賄容疑を晴らした母

実家の思い出で、今でもやはり印象的なのは、お正月にものすごい数のお客様がみえていたことです。実家は上町台地と呼ばれる高台で、大阪市内の高級住宅地にあり、立派な門構えの家でした。大きな応接室もありました。そこにあふれるほど、お客様が絶え間なしにいらしていたのです。今から考えたら、お手伝いさんたちがいたとはいえ、母はよくあれだけのお客様の応対をしていたなあと思います。

お客様から頂戴する菓子折の底にはお金が入っていたのも、子ども心になんとなく知っていました。山崎豊子の小説『華麗なる一族』にはそんなシーンが出てきますけれど、まさにそんな感じなのです。そのとき、父はまだ支店長だったはずです。昔の銀行員は、きっとものすごく好待遇を受けていて、力があったのだと思います。車も送り迎えに来ていましたし。

私たちきょうだいは、そのお客様たちから高額なお年玉をいただいていたのです。でも、お帰りになったら、母が全部回収してしまうので、いつも「せっかくいただいたのに、なぜ？」と子ども心に思っていました。

ところが、私が小学校3年生のころ、父が収賄の容疑で警察に1週間ほど連れていかれたことがありました。そのとき、皆様からいただいたお金を全部返していたという裏付けが取れて、無罪釈放になりました。新聞の記事にもなったと聞いています。私は後に大人になってから、子どもたちにいただいたお年玉を全て母が回収して、その後、くださった方たちに全部お返ししていたことを知り、賢い母に感心しました。

父は、毎日お迎えの公用車で銀行に行っていました。運転手さんの名前も覚えています。私の区域の中学校までは遠かったので、よく校門まで父の車で送ってもらっていました。きっと父の出勤時間と合っていたのではないかと思います。公用車で送ってもらうなんて、今ならばそんなことしてもらってはいけないのでしょうけれど、ある意味のどかな時代でした。

私の実家の家族の話を聞いていて、私の長女がよく言うんです。私の父、つまり彼女の祖父ですが、強い影響力と強制力を持っていた人だったところが、『華麗なる一族』とリンクするところかなと。あの物語は、跡継ぎをどうするかとか、すごく野心家で奔放な娘などいろいろな人が出てきた中で、人間模様がどろどろしている感じの物語。うちの父も跡継ぎのことやいろいろなプランを考えていたのかもしれません。でも、父はまだまだ現役の58歳の若さで生涯を終えてしまいました。私は4人目の子どもなので、まだ大学2年生、妹は高校生でした。

人気者だった小学生時代

母は実は教育ママだったらしいのですが、料亭の経営もあって忙しく、留守がちで、私たち5人きょうだいはお手伝いさんと家で過ごすことが多かったです。4番目の私にまでは子育ての手がまわらず、私はほぼ放任状態。当時まだ舗装されていなかった家の前の道路で、宿題もせずに、毎日ドッジボールに興じていました。

5人きょうだいの私たちの勉強部屋は2階にありました。階下から姉か、兄か、妹の名前を呼べば、みんな階下に下りてくることになっていました。三女の私は、「私の名前なんて、ほぼ呼ばれることはない」。ちょっとひねくれていた時期もありました。

小学校のころ、家にピアノの先生が来られて、きょうだい全員ピアノを習わされていましたが、先生の来られる時間になると、私は外へ遊びに行って、家にいなかったのです。今から思えば、あのとき、もっときちんと習っておけば、将来音楽をもっと楽しめてよかっ

長姉、満智代と

たのにと思います。

自分で言うのもなんだかおかしいですが、私は小学校では人気者で、いつも投票で学級委員に選ばれていました。でも宿題もせずに遊んでばかり。成績は落ちる一方で、4年生終了時で初めて、当時の「優等賞」をもらえませんでした。当然の結果です。その日は家に帰るのが嫌で、夕方まで外にいましたが、母は叱りませんでした。

そして5年生でクラス替えがあり、前年度に姉のクラス担任だった先生が私の担任になったのです。勝気な私は、姉と比較されるのが嫌で、がんばって勉強するようになり、自力で立ち直っていきます。

6年生のときには、淡い初恋も経験。彼は同じクラスのリーダー的存在。放課後、運動場で彼が女子リレーの4人の選手を選ぶのです。私は4人の中に入りたくて。ちょっとズルをしましたが、彼が選んでくれたのです。そして運動会の当日まで放課後毎日、彼の指導の下で、バトンタッチの練習などを夕暮れまでしていました。彼は校区外から通学していた越境生だったので、卒業してからは離れ離れになってしまいました。ほろ苦い思い出です。

進学校を目指した中学校時代

そして、校区の中学校に進学。当時の中学校は、1学年11クラスで、私は1年11組でした。1クラスの人数は50人強だったので、1学年560人いました。中学校は、学科ごとに担当の先生が変わるので、とても新鮮でした。1年生の担任は背の高い数学の先生です。数学は私の得意科目なので、先生にとてもかわいがられていて、「ひいき!」とみんなから言われていました。

2年生のとき、みんなが私を学級委員長に投票したとき、担任ではなく英語教科の男の先生に、「A君の方が、英語がよくできる!」とみんなの前で言われて、教室内が微妙な空気に。そのおかげで、さらに英語が嫌いになってしまいました。でも、全科目の総合点数は高く、地域でトップの進学率を誇る高校へ進学できました。

当時は、テストごとに1学年560人中100番までの名前が校庭に張り出されて、各教室の窓から見えたのです。負けず嫌いの私は、成績順の張り出しのおかげで憧れの高校に入りたいとがんばれたのだと思います。

憧れの高校は、なんと私の家から歩いて5分のところにあったのです。その高校を通り過ぎて、その高校の学生がたくさん降りてくる電車に乗って他の高校に行くなんて、ない。だから、猛勉強しました。

私は今でもいろいろな場面でそうなのですが……、高校も、大学もそこに行きたいと思ったら、いつの間にか常にその校内で過ごしている様子を頭に描いていました。

大人になって、成功者の自伝などを読むようになって、未来を具体的に描くことこそが成功の鍵なのだと知りました。

目指す高校に無事合格したときの喜びの感覚は、忘れられません。満足感で胸がいっぱいになり、一人お座敷で「大の字」になって寝転んで、これから始まる高校生活に想像を膨らませていました。

4年制大学に進学

当時の校区トップの高校に無事進学しましたが、まだそのころの女子は、進学する人は少なくて、名門高校の名前で、卒業後、一流企業に就職していたような時代です。

私は母の方針で、大学進学組にいました。２歳違いの兄とは同じ高校で、私が１年生のとき、兄は３年生。兄は理数系に優れていたので、大阪大学理学部に進学しました。そのために親からは、私まで期待されてしまうことになります。私は気持ちだけ焦り、力及ばず落ち込みました。トップ校の中に入ってみれば、私はただの人。人生で初めて、自分の力を実感していたのです。

体育祭で。団結した3年4組

住吉高校の文化祭。妹の富紀代と姪の弘子と

進学した関西学院大学の正門前で

トップ校では中ぐらいの成績でうろうろしていた私に、兄が私の学力に合った私立の有名大学を選んで、受験を勧めてくれました。国立大学に行かなくてはというプレッシャーに押しつぶされそうになっていた私は、願書を出しに行ったときから、その大学が好きになりました。気持ちが解放されたからかもしれません。

西の慶応ともいわれている、とてもきれいで大きな芝生の庭がある、環境のよいその4年制大学に無事合格。とてもうれしかったです。助けてくれた兄には感謝しています。大学から駅までの道もとても風情があり、この道をすてきな彼と歩くことを夢見ていました。この大学はとても自由な校風の大学でした。部活はコーラス部。部活では、ミッションスクールなので賛美歌がメインでしたが、まだ女子が少ない時代でしたので、他大学との交流会や対抗試合などでも、大切にされました。関西の高級住宅地という立地の場所柄もあり、裕福な子女が多く、多くの学びもあり、楽しい大学生活を送りました。

当時はまだ女子は大学を卒業するのも、よい方と結婚するための花嫁道具の一つという時代。私の両親も、大学を卒業したら、お見合いして結婚するのが娘の幸せだと信じて疑わない人たちでした。

そんな私はというと、大阪府立高校3年生のときに同じクラスの男子からお付き合いを申し込まれて、放課後図書館で一緒に勉強をしたり、時にはツーカップル4人のダブルデートで、ハイキングなどしたりして、大学のころまでお付き合いが続いていました。でも彼は浪人をして、1年後に地方の国立大学に進学。大阪に帰ってきたときには会ったりしていましたが、お互いの環境が違いすぎて、いつの間にか疎遠になってしまいました。

仲良し3人組。校舎をバックに

反対を押し切って恋愛結婚

母の会社で経理を手伝う

大学を卒業してからは、普通に就職して社会経験を積みたいと思っていたのですが、母の大反対にあい、就職をせずに母の会社の経理を手伝うことになります。

父は最終的に銀行を定年退職してから、一つの会社を手に入れて、その会社の社長をしていました。銀行の抵当の関係だったと思いますが、工業用ゴムの製造会社で、製造工場を持ち、製造販売まで全部手がけていて、新幹線のパッキンなどを製造しているようでした。

父はその会社を経営するようになって3年後に他界しました。58歳でした。

そのため、9歳年下の母（49歳）がそのまま会社を継いで、社長に就任したのです。

私は大学2年生。兄は大学4年生、妹は高校生。子どもたちに学費のかかる時期でしたが、母は、兄、私、妹と3人を、無事に大学を卒業させてくれました。

姉2人は4年制の女子大学を卒業して、お見合い結婚をしています。上の姉は灘酒造蔵元に、次男坊のところだからいいだろうといって嫁いだのですが、実家に帰ってきたときには、文句ばかり言っていました。2番目の姉は、大手建設会社の部長に嫁ぎました。またこの姉も実家に帰ってくると、お客さんが多くて大変だとか、お見合い結婚の悪口ばかり聞かされます。

そのため「私は絶対にお見合い結婚しない！」と、自分の心の中で思うようになりました。姉2人が帰ってきて、あまりにも毎回、文句を言うからです。

大学入学のころ、母と

「結婚するのだったら、やっぱり恋愛結婚がいい」と心の中で密かに決意はしていたものの、母の会社で働いていた私は、毎日家と会社の往復だけ。なかなかすてきな男性と知り合える機会はありません。

そのころ、皆生温泉の旅館の跡取り息子さんとのお見合い話が持ち上がっていました。母が送った私の写真を見て、先方からは「ぜひお嫁に来てください、来てください」と言われていたそうです。女将さんとして望まれていたらしくて、母は大乗り気。私としては、明治時代や大正時代ではあるまいし、写真だけで嫁ぐなんてありえない。とにかくお見合い結婚は嫌という気持ちだけでした。

会社で見つけたすてきな男性

そんなとき、母の会社の小さな狭い範囲の中で、ちょっと気になる、すてきな人を見つけました。会社には営業部の部屋がありました。営業マンの彼は会社全体でもひときわ目立つ存在でしたが、電話営業のときの話し方や笑顔や声が、すごくかっこよかったのです。ちなみに、彼は「のど自慢大会」で優勝するほどの喉の持ち主でした。

彼は7歳年上でしたから、社会人としての経験が私よりはるかに豊富。そん

北畠の実家の庭で、彼と

な彼の営業マンとしての態度や話しぶりに、私の方が勝手に、一方的に惚れ込んでしまったのです。誰でも好感をもつだろうと思えるような対応をしているところに、男子学生や父とは違う「すてきな男らしさ」を感じたのでした。

若いころの7歳上って、頼りがいがあるように見えたりします。大学時代の同級生の男子学生はちょっと頼りないなあと感じていたので、大人の彼がまぶしく見えました。すごく大人に見えたのが、彼が気になり始めた一番の理由かもしれません。

そう、私はこの太田芳雄さんに恋をしたのです。

とにかく男前でかっこいい人なので、彼はめちゃめちゃモテていたそうです。歌がとても上手な人でした。当時のNHKのど自慢の大阪大会などで優勝したこともあり、「のど自慢荒らし」と言われていたそうです。上京して本格的にプロデビューを目指さないかと誘われたけれど、お金がないからあきらめたと言っていました。ちょうど三波春夫と同期だったのだとか。だから、「歌うとみんなが寄ってくる。のど自慢で優勝したので、またいっぱいファンができた」とか。でも彼にしたら、私が社長の娘なので、一目おいていたようでした。

当時の彼の家は、２軒長屋の家でしたが、大阪の中心地の難波に住んでいて、空襲で焼け出されて逃げてきて、姉を頼って住み着いたところなので、長屋のような住宅でも住むところがあってよかったという感覚でした。お父さんは近畿日本鉄道に勤めておられました。当時は仕方なくそんな暮らしをする家庭がたくさんありました。

そんな私たちが、どのように距離を縮めていったのでしょう。

デートしていたわけでもないのです。営業マンの人たちが順次車で母の送り迎えをしてくれていて、そのときに私もよく乗せてもらっていました。

父が亡くなって、兄は就職して東京へ。母と私と妹とお手伝いさんの女性だけの家族になり、３００坪ほどある家に女性だけで住んでいるのが、母はすごく怖かったようです。母は仕事をしていて留守をしていることが多いので、留守中のことが心配だったのでしょう。戦後の混乱期も経験してきたし、危険があるかもしれないと。

庭には3匹の犬（ドーベルマンも）を夜は放し飼いにしていました。さらに、会社の営業マンの方たちにお願いして、交代で裏庭の「離れ家」の方に泊まりに来てもらって、用心棒になってもらっていました。ありがたいことです。その中の一人ですから、太田さん（後の夫）も何日かに1回は、裏庭の「離れ」に泊まりに来てくれていたのです。まだお付き合いしているわけではなかったのですが、お当番で離れに泊まりに来ている日は、ちょっとうれしく感じました。

突撃プロポーズ

そんな中で、彼も私が夢中なのがわかっていったのだと思います。でも、彼の方は、「社長のお嬢さんと自分とではとても釣り合わない」と躊躇していて、「とてもあなたをお嫁さんにはもらえない」と言い続けていました。

彼は「結婚はとても無理」と本当に思っていたようです。自分の環境とのギャップを感じていたと思います。「とてももらえない」が口癖でした。

一方、私の母は私を皆生温泉の跡取りのところに嫁がせたかったはずなので、自分が社長を務める会社の営業マンと、娘との結婚に賛成してくれるはずはありません。

だんだん気持ちが追いつめられてきた私は、大胆な行動に出ます。

「荷物を2階のベランダから降ろすから、迎えに来てくれる？」

彼は、私に頼まれたら本当にベランダから荷物を下ろすのを待っていてくれるような人でした。

これはまさに駆け落ちの計画です。ロミオとジュリエットみたいに反対されると、恋は燃え上がるのです。

そのとき、私の熱意を知った2番目の姉が、助け舟を出してくれました。姉は好きな人がいたのに、あきらめてお見合い結婚をしたので、自分の立場に不満をもっていたようです。だから、私たちの結婚を全力で応援してくれました。

姉と彼は１９３４（昭和９）年生まれ。同い年です。

「太田さん（のちの夫）、本気で妹と結婚したいのだったら、日曜日にでも母を訪ねて、面と向かって『娘さんをぼくにください』と言いなさい」と入れ知恵をしてくれたのです。セリフまで考えてくれて、全部姉がお膳立てしてくれました。

次の日曜日、彼は本当に勇気を持って、母に会いに来てくれました。

母にしたら、「日曜日に会社の営業マンが家に訪ねてきて、話があるって、いったい何かしら」と思っていたことでしょう。ところが、家に突然やって来た彼が「お嬢さんをぼくにください」って言ったのです。

母には、寝耳に水の話。大っぴらにデートをしていたわけでもないので、母は全く私たちのことに気付いていなかったと思います。それは驚いたことでしょう。

「母の会社の営業マンが家に直接訪ねて来て、もう私が断ることができない状況に追いつめた。抜き差しならないようにした」と、後で母からすごく叱られました。

「あなたをもらいたいと私に言いに来られても、またあくる日からずっと会社で顔を合わせないといけない営業マンでしょう。だから、断ることもできない。断ったら、彼は会社を辞めるかもしれないし」と、母にもすごい葛藤があったのだと思います。とにかく、私は叱られてばかりいました。

もちろん、母は私のことを思って結婚には大反対。「あなたはどこでも、いいおうちの方と結婚できる自慢の娘なのに」と言ってくれました。

いろんなことがありましたが、最後には認めてくれて、結婚後も助けてくれた母に本当に感謝しています。夫も母を大切にしてくれました。

2人の姉たちが「私たちは親の勧めるお見合い結婚をして大きな家に嫁いだけど、幸せじゃない。あなたは思うように結婚しなさい」と言って、母を説得し、後押ししてくれました。

姉たちの助けがなかったら、母の強い反対は押し切れなかった。彼が直接母のところに来て、結婚の申し込みをしてくれなかったら、絶対結婚はできなかったでしょう。姉たちのおかげで、そして夫の勇気で、駆け落ちせずに母を説得して結婚することができたのです。もう夫は天に召されましたが、来世があるとしたら、また結婚したいと思っています。

ゴージャスな新婚旅行

母の会社に入って、彼を好きになってから、思い余って駆け落ち計画を考えるまで1年くらい。そして、その突撃プロポーズから、すぐに結婚したわけではなく、1年くらいはお付き合いしていました。私も変わらず、会社に行っていました。

私的には、本当に大恋愛でした。反対されるから、よけいに夢中になる。すんなりいっていたら、そうでもないでしょうけれど、やっぱり反対されると、駆け落ちしてでも一緒になりたいという気持ちになっていきました。ですから結婚できる！ことになったときは、本当にうれしかったです。

結婚するまでの間にお料理学校に通いました。実家では常にずっとお手伝いさんがいて、毎日食事を作ってくれる生活をしていました。来客のときなど母が指揮することはありますが、基本的にはお手伝いさん任せ。娘の私が手伝うことなんてほとんどなかったのです。だからお料理をしたことがない。料理学校でひと通りのことは学びましたけれど、役立ったかというと、どうでしょうか。

自己流で作った食事でも、主人は優しい人なので、文句を言いませんでした。「社長令嬢と結婚するから、結婚式はきちんとしなければいけない」と、彼は思っていたようですが、あまりお金もありません。ちょっと形がつくところは

母が結婚を許してくれて、晴れて結婚式。1965年5月14日

どこかと二人で考えて、大阪市内唯一の一之宮、住吉大社で結婚式をあげることにしました。

そして、新婚旅行に行きます。そのお金は、全部私が出しました。

といっても就職もまともにしていない私のどこにそんなお金があったのでしょう。

実家は、兄が通っていた大阪大学のキャンパスに歩いて行けるような距離のところにありました。家はとても広くて、部屋がいくつも余っていたので、母の田舎から大阪に出てきて大阪大学に通う従兄弟たちに下宿に使ってもらっていたのです。用心棒にもなるので。

それで食事代だけでもと親戚の親が少し

ずつ渡してくれる下宿代を、母は私の口座に貯金してくれていたのです。「あなたの結婚資金よ」と。

行き先は九州。そのころ九州は新婚旅行の行き先として人気が出始めたころでした。だから自分でも憧れていたのだと思います。姉もそうでしたし、「船で大阪港から色とりどりのテープでみんなに送ってもらって九州に行く」って自分で決めていましたから。彼は和歌山県の白浜温泉と思っていたようですが「私が全部費用を出すから、九州に行こう」と、主人を説得したのです。

私は新婚旅行に行くのだったら、大阪の南港から出ている豪華客船の特等室で行きたかったのです。ここ行きたい、あそこ行きたいと私が全て考えて、旅行会社にプランを立ててもらいました。もうそのとき、主導権は私が握っていました。

私は、自分の預金通帳にお金がいっぱいあるから、特等室でもなんでも予約して行きましょうという優雅な気分でした。自分が働いて得た収入ではないのに。

そして、新婚旅行の日を迎えます。式場からほとんどの親戚の方々が大阪港まで送ってくださって、色とりどりのテープで別れを惜しんで、豪華客船で一晩寝たら、翌朝、別府に着き、そこから九州を一周しました。船に乗りたい、特等室に泊まりたいとか、みんな私の夢です。えびの高原も行きたいところの一つでした。観光タクシーをチャーターして回りました。私が行きたいところに行って、私が乗りたいものに乗ってみたいな、そんな旅行をしました。

主人は7歳年上ですけれど、そのころは私に振り回されていて、何もかも言いなりだったと思います。私をお嫁さんにもらうことができて、喜んでくれていたのか、まあ、わがままでぜいたくなお嫁さんをもらったなあと思っていたかも。主人としては、きっとこんな豪華な旅行をしたいなんて思っていなかったでしょう。

後で冷静に考えたら、本当に自分のしたいことばかりしているわがまま妻でした。その当時はまだ本当に言いたい放題、したい放題の妻だったと思います。

その後、いろいろな経験を積み、自分自身でもわがまま妻から変わることができたと思っています、そして年齢とともに、物事を人の立場に成り代わって考えることができるようになれたかと思います。

家族からも周りの人からも、あまり喧嘩の記憶はなく「優しいのがあなたの取り柄」だとは言われてきました……。もしそうなら母に似たのだと思っています。

私、結婚してすぐに髪の毛を茶色に染めました。その当時はまだ珍しかったかもしれません。黒髪よりも優しい雰囲気に変わります。実家では門限はもちろんですが、毛染めとか服装、行くところなど禁止が多く、早く実家の束縛から逃れたいと思っていました。

毛染めは、実家のご近所の奥様で、母と同年代の方でしたが学校の先生の奥様で、茶色の髪の毛がとてもよく似合う少しエキゾチックなお顔立ちの上品な方がいて、憧れていたのです。

結婚して自分の家庭を持って、思い通りのことができるようになったら、まず髪の毛を茶色に染めようって思っていました。

その時から、81歳の今日まで約57年間、ほとんど白髪もなく、ずっと茶色の髪なので、当たり前になっているのか誰も違和感を抱かないように思えます。

ある日、仕事を終えて自宅に帰ったら、妻の髪が茶髪になっていた。でも、主人は、いいねと言ってくれました。好きなようにさせてもらっていたと思います。今思えば感謝ばかりです。

団地暮らしを満喫

憧れの公団住宅

結婚当初、私たちは民間のアパートに住んでいました。その最寄り駅前に、たまたまそのころブームだったボウリング場ができました。そこは2番目の姉の夫が勤めていた会社が手がけたボウリング場で、その中の喫茶店を姉が任されることになり、姉のお手伝いをしに通いました。

結婚した翌年の1966（昭和41）年2月に、長女薪（まき）が生まれましたので、ほんのしばらくの間です。でも、とても楽しいアルバイトでした。

その年に念願の公団住宅に当選。結婚する前から申し込みをしていて、24回目の優先抽選でやっと当たったのです。生後8か月の長女の薪を連れて引っ越し、1967(昭和42)年7月に長男の雄(たけし)が生まれました。長女が早生まれなので、学年は2年違いです。

私は、5階建ての公団住宅にとても興味がありました。ちょうど公団住宅がたくさん建ち始めた時代です。実家から見えるところにも、建つようになっていました。公団住宅は、市営住宅と比べると間取りが広く、月収何円以上という規定がありました。当時は高層住宅などなかったので、5階建ての今まで見たことがない住宅に住んでみたいと思っていました。「結婚したら、あのビルの中に住みたい」と憧れの住まいとして考えていたのです。

当時は、新しいファミリー像という形として、もてはやされた時代だったと思います。だからすごく新鮮に思えました。家族は夫婦と子ども2人。2段ベッドを買って、子ども部屋をつくって。そういう感じの絵に描いたような生活がしたかったのです。

間取りは、3DKまたは3LDKでした。当時は人気があって、なかなか当選しなくて。24回目の応募でやっと当たって、晴れて引っ越すことができました。でも憧れていた5階じゃなくて、1階だったのですけど。私たちが入居した建物は、1つの階段から5段ほど上がると、両側に向かい合わせにドアがあるタイプの住宅でした。

同級生には「あんなお屋敷町で育ったあなたが、なぜ公団住宅なんかに住んでいるの？」と聞かれました。「かわいそうに」と言った友人もいます。でも、私は公団住宅に住んでみたかったし、そこで生活をしてみたかったのです。全ては好奇心から経験してみたかっただけ。団地に住むことに引け目なんて全く感じていないので、人から何を言われても平気でした。入居できて、本当にうれしかったのです。

その団地は、周囲に公園もあり、自然に恵まれていて、子育てをするにはとても環境の

団地に引っ越し、長男が生まれて

近所の公園で、日向ぼっこ

よいところでした。団地の建物の間に子どもたちが遊べる広場や砂場があって、車も通らないし、安全で全然困らない。駐車場もありました。長女は、春にはタンポポを摘んだり、葉っぱを取って、色水を作って遊んだり、そういう遊びを目いっぱいして大きくなりました。また長女は家の窓から見える砂場で何時間も一人でも遊んでいました。息子は5歳くらいまで小さな自転車で団地内を走り回っていました。

その団地は1棟に40軒あって約70棟あるマンモス団地でした。同じ学年の子どもが1棟に6人か7人はいて、ママさんたちとはすぐに仲良くなりました。団地には、ママさんたちのクラブ活動もあって、私はコーラス部「エコー・ヴィオリーネ」に入部。いろいろな曲を歌いましたが、忘れられないのは「いつかは私の家を～」と歌った曲です。曲名は忘れてしまいました。公団住宅に入っているみんなで合唱すると、なぜか思いがあふれて、涙が出てくるんです。「エコー・ヴィオリーネ」で活動してきた日は、キッチンで、「いつかは私の家を～」と歌っていた記憶があります。

やっと抽選に当たって入居したのに、公団住宅は脱出するところだったのです。

「エコー・ヴィオリーネ」では、低音パートのほうが多数でした。私も低音パートでしたが、少ない人数なのでメゾソプラノも兼任していました。しばらくしてから人数も増え、「エコー・ヴィオリーネ」は大阪府のコンクールなどたくさんのコンクールに出場しました。

ボウリングにもはまりました。子どもたちを幼稚園に送り出した後、朝の2時間くらいは、近所の奥さんたちと週2ぐらいでボウリング場に行っていました。当時はボウリング

長女薪（左）と長男雄（右）

が大流行していて、マイボール・マイシューズを持つ人たちもいて、テレビでもボウリング番組がありました。中山律子みたいなスターが活躍していたころのことです。

ブティック委託のサイズ直し

私が選んだ夫は、優しくて、大きな心で私の自由を尊重してくれる人でした。母の会社のトップ営業マンですが、母は、「私の娘と結婚したからといって、一人だけ特別扱いはできない。お給料を上げることはできない」と貫き通しました。その代わり、ぜいたくをして育ってきた娘は、きっと生活に困るだろうと、母のポケットマネーから、こっそり援助してくれていました。毎夏、母と5人きょうだいの家族と旅行をしましたが、きょうだいの中で私のところだけ収入が低いので、お見合い結婚をして裕福な姉や兄からいつも助けられていました。

でも主人は、私への実家からの援助を嫌がるのです。昭和一桁生まれの主人にとっては、それでは自分の沽券にかかわると思っていたのかもしれません。

そのため結婚してしばらくして、母の会社を辞めて独立。自分で事業を始めました。でも、独立して事業が軌道に乗るまでは、大変でした。家計が苦しくても、私は子どもたちが小さいので、働きに出るわけにもいきません。「必ず迎えに行くから、しばらく実家に帰れ」と夫に言われたこともあります。でも、親の反対を押し切って結婚していますから、そうそう助けてもらうわけにもいかないと思っていましたから、実家には帰りませんでした。

それがきっかけで、私も子どもたちと家にいながらできることから、少しずつ仕事を始めようと考えるようになります。

コーラス部で歌っていた、「いつかは一戸建ての家を～」という歌の影響もあったかもしれません。いずれは団地脱出を考えるようになるのだったら、自分も何かやらなければという気持ちでした。

大学時代に母にお願いして、夜間の洋裁学校に通わせてもらいました。3年間通って、師範の資格を持っています。洋裁を始めたのは、ただただ自分で好きなデザインの服を縫いたいというのがきっかけです。アメリカ人が着ているような、洋風でかっこいい服が着たいとも思いました。自分の服が縫いたかっただけです。

1年くらい通ったら、自分の服がひと通り何枚か縫えたから、もういいかなとも思っていたんですが、どうせ行くならと思って、師範科まで3年間通ったのです。

その洋裁の腕を生かせる仕事で、何かできないかと考えて、近くのブティックのサイズ直しを長く請け負っていました。団地ですから、「太田さんは洋裁をしているらしい」といつの間にか噂が広がったみたいで、同じ棟に住むママさんたち何人かから、家に来て洋裁を習いたいといわれます。私はサイズ直しの仕事をしながら、ご近所の奥さんたちに洋裁を教えるようになりました。主人が私のために洋裁用の折りたたみの大きな机を作ってくれました。まず洋裁は製図からです。私は伊東式で立体裁断という最も難しい洋裁学校を出ましたので、とても役に立ちました。下の子どもの雄をはじめ、小さな子どもたちがその周りを走り回っている中で教えていました。

子どもたちが学校や幼稚園に行っているときに一緒に集まって洋裁をしていると、井戸端会議になります。「ねえ、明日ボウリングに行かない？」など、

晴れ着で初詣

弟の雄をかわいがる薪

出かける話はすぐにまとまります。

団地に住んでいるのはルンルンで、一つも嫌なことはなかったし、とても楽しい日々でした。

友達もいっぱいできて、洋裁も家でできる仕事なので、みんなが結構集まってきてくれて、わいわい楽しくやっていました。

娘や息子が小さいころの服は、ほとんど全部自分で作りました。でも娘に作ったスカートの残り布で、息子のズボンを作ると、次第に息子は嫌がるようになりました。

あるとき息子が「お母さん、みんなと同じズボン買ってよ」と怒り始めました。幼稚園から小学校1～2年生くらいまではなんとか我慢していたようですが、人と違うことをさせられていることに我慢しきれなくなったのでしょう。女の子は結構母親の手縫いの服を喜んでくれるんですけど、息子はずっと文句を言っていました。

家族で旅行に行くときの服も作りました。家族4人、同じ布で。主人と息子はシャツ、娘と私はワンピース。そのころ、家族でおそろいの手縫いの服はブームだったと思います。だから、絵に描いたような幸せ家族を願っていたのかもしれません。私はもう忘れていますが、娘は、4人家族でおそろいの服で海水浴に泊りがけで行ったと言っています。おそろいの服の生地は、細かいチェックの青っぽい生地だったと覚えているそうです。やはり女の子ですね。

そのころ、家でできること、頼まれたら服を縫ってあげたり、製図してあげたり、いろいろしていました。最初引き受けていた洋裁店のサイズ直しの下請けは、一流のブティックだったので、非常にいいギャラがもらえて、後に団地生活脱出にも、とても役立つことになります。

学生のときに自分の好みの服を着たくて始めた洋裁でしたが、技術を身につけて本当によかったです。

お正月。羽曳野の私の実家で。長女の服は私の手作り

子どもたちの幼稚園は公立の1年保育

入居して2年ほど経つと、周りのお子さんたちは、私立幼稚園の2年保育や3年保育に通うようになりましたが、私は主人の仕事が不安定だったので、子どもたちは公立幼稚園の1年保育に通わせると決めていました。

毎朝、幼稚園バスが近所に来て、友達が乗っていくのを、うちの子どもたちはうらやましそうに見ていました。かわいそうだなとは思いましたが、仕方がありません。

そんなとき、長女は健気にも自分も何か勉強したいと言い出しました。そのころ、「東京こどもクラブ」という通信教育でいろいろ学べる幼児向けの教材があったので、それを家に送ってもらって、親子で一緒にひらがなを学んだりしていました。

近所のお子さんたちがエレクトーンを習い始めたときには、長女が習いたいと言って大変でした。うちでは、まだエレクトーンを買う余裕がなくて、我慢させました。かわいそうなことをしたなあと思います。娘はエレクトーンがある友達の家に遊びに行くと、ずっと独占して弾いていたらしいです。

主人の仕事が軌道に乗って、エレクトーンを買ってあげられたのは、娘が小学校2年のとき。当時の初任給の倍ぐらいの値段でしたが、娘はそれはもううれしかったのでしょう。毎日、夢中で弾いていて、あっという間に上達していきました。その後、エレクトーンを2台買い換えました。娘は新しいエレクトーンが届いた年もその値段も覚えていると言います。

息子が小学校に上がると、兄に頼まれて、兄の会社の事務を手伝いに行くことになりました。通勤に時間がかかり、夕刻まで留守になります。子どもたちは当時よく言われた「かぎっ子」で、私が家にいない日は、放課後、ヤマハの音楽教室やお習字に通い、弟の雄は夕方になると首に鍵をぶら下げて、駅まで私を迎えに来ていました。

主人は子ぼんのうで、振り返ってみると、新生児のときから私は一度も子どもたちをお風呂に入れたことがありません。お風呂から上がってきた子どもたちを受け取って寝かせるのが私の役目でした。

主人は、お風呂で二人に歌を教えているんです。特に娘は主人似で音感がよく、小さいときから民謡も上手。幼稚園のお祭りで「木曽節」を歌って、みんなに驚かれていました。

一方、弟の雄はスポーツが得意な私に似たのかもしれません。雄の体育の成績はいつも10段階の10でした。

長野県の栂池高原でスキーを楽しむ

団地生活との別れ

主人の両親は、私たちの結婚には反対しなかったと思います。もしかしたら、夫には何か言っていたかもしれませんが、聞いたことがありません。

夫は、前述しましたように難波の家を戦争で焼け出され、自分は家も何も持っていない、自分が私とは釣り合わないと言いましたが、お義母さんは違いました。自分のところは、戦争で焼け出されてこんな借家に住んでいるけれど、昔は大阪の中心地の難波に家があった。だから、別にあなたの家に劣っているわけではないと言っておられました。

でも、お義母さんはいいところのお嬢さんをお嫁さんにもらったとは思ってくださっていましたから、新婚のころ団地に住んでいた私たちのところに、果物や食べ物など、いつもいろんなものを持って、よく来てくださいました。

団地生活を結構楽しんでいましたが、「いつかは私の家を〜」とよくコーラス部で歌っていたように、次第に「自分たちの家をもちたい。夫婦で家を建てよう」という気持ちになっていきました。長く住んでいる間に、一戸建てを購入して出て行かれる方も出てきました。

団地へは長女が生後8か月のときに引っ越してきて、中学1年になるときに出ましたから、11年ほど住んでいました。いいお友達もできて、今もたまには会ってお食事したり、電話したりしています。その時のお友達はみんな、今では一戸建ての家に住んでいます。実は昨日も一人の方と電話でお話をしたばかりです。

家を建てて姑と同居

一戸建てを建てる

主人は6人きょうだいの長男です。実家は、戦争で焼け出されて、大阪の天王寺近くの借家住まい。１９６７（昭和42）年に義父が亡くなってからも、主人の3人の弟たちは実家に住んでいました。でも、弟たちが次々と結婚して家を出て行き、このころは義母がひとり住まいをしていました。

義母に初めて会ったときは、愛想のよい方でもなく、とても太っていて、あまりよい印象ではありませんでした。言いたいことは、はっきり言われる方でもありました。

夫の実家は借家でしたが、居住権がありました。親孝行のために家を建てるのだったら、大家さんから土地を安く譲ってもらえるというので、私たち夫婦はその土地を買い取り、土地を担保に銀行からお金を借りて、実家を建て直すことにしました。大阪市内で土地が狭かったので、３階建ての家に。１階は主人の会社の事務所として使い、２階、３階を家族の居住スペースにしました。2階にはダイニングキッチンとリビングルーム、義母の部屋の和室に仏壇を置いていました。３階には3部屋あり、子どもそれぞれの部屋と私たちの寝室。2世帯ですが、きっちりとスペースを分けず、キッチンもお風呂もトイレも義母と共用です。

そして、１９７８（昭和53）年に家が完成し、結婚して初めて、義母との同居が始まります。結婚以来10数年、主人の家族とは同居しなかったですし、義親からも何か言われることもないので、私は本当に好き勝手にしていました。

ですから同居してしばらくは、さまざま勝手が違うことがあって、とまどうこともしばしば。他人と同居したわけなので、仕方のないことですが。それでストレスもいっぱいたまりましたが、私の実母はもう他界していましたし、同居してからの悩みや愚痴を打ち明ける相手がいないのです。同居して一番驚いたのは、食事の時間が少し遅れると仏さんのおりんが、ちんちんとなり続けることでした。

姉たちは、嫁ぎ先のことについてよく文句は言っていましたが、姑と同居しているのは、きょうだいで私だけ。愚痴を言っても「お年寄りは大切に」とし か言われないので、私は誰にも何も言いませんでした。

主人の家族が集まると私はただの女中でしかありませんが、私が好きになって選んだ結婚ですし、姉たちに話しても、泣き言を言うと、お説教されることになるだけだと思って、誰にも話さずに我慢して過ごしていました。自分の気分がすぐれないときは、姑に目の前を通られるだけでも嫌だったり、姑の洗い物がおおざっぱすぎるなど、生活様式も違うので、考えるとストレスになると考えないことにしました。私は基本的には楽天家で前向きな性格なので、「何とかなる」、「何とかなる」といつも思っていました。

料理上手な嫁として

お義母さんは、お料理上手な人でした。でも同居したときから、もう自分は料理はしない、嫁に任せようと思っていたのかもしれません。全部私に任せてくれました。キッチンは一つでしたから。

それまでは、主人と子ども2人、お料理はなんでも作れるようになっていましたが、同居してからの生活は違います。最初はちょっと緊張しました。お義母さんは私と同居する前は、いろいろな料理をされていたので、同居してからは、見様見真似で作りました。

お義母さんは、毎日自分で買い物に行って、今日はこれを作ってと言わんばかりにダイニングテーブルの上に人参とかごぼうとか、材料がポンって置いてあるんです。お惣菜じゃなくて、材料を置いてあるだけ。特にメモがあるわけでもない。それを見て、「ああ、今日はこれを作ってほしいんだな」みたいな状態でした。「浩代さん。あれ、食べたいから材料買ってきたわ」とか、口に出してはなにも言わない人です。

明治生まれの人ですから、食べたいものは野菜の煮物とか、煮魚とか、そういうものなので、置いてあったら、「ああ、これをお母さんは食べたいんだな」という感じで、料理していました。味付けは私がしていましたが、お義母さんの味付けと似ていたようです。お義母さんが喜んで食べてくれることが、すごくうれしかった。

でも、お正月やお盆は大変でした。6人きょうだいでそれぞれの家族とか、一番上の義姉の子どもが結婚して、またその家族を連れて来たり。広い家とは言えないところに、多いときは30人くらい集まります。子どもたちもいっぱい来ていて、すごい状態でした。

みなさんには、手作りのお料理を出します。焼き魚や茶碗蒸しなども全て手作り。茶碗蒸しは2段の蒸し器で、1回に10個、それを3回、4回と。姑がいると、買って来たお惣菜を並べるわけにもいきません。

黒豆は、すごくたくさん炊きました。黒豆は実家で母がよく炊いていたので、見様見真似で得意でした。丹波産の黒豆は前日から漬けておくと3倍ぐらいに膨れておいしくなります。ふっくら、大きく炊くんです。実家でしてくれていたことが、結構そのときには役に立ちました。12月31日の夜中から準備して、元日は朝早くに起きて用意をして、出来上がったころに近くに住んでいる主人の弟たちのお嫁さんたちが来て、お客さん気分で、ちょっとだけエプロンして、「何か手伝います?」みたいな感じです。「もっと早く来て、手伝って」と思っていました。

東京から来ていた家族は泊まりますが、近くの家族は、食べるだけ食べて、飲んで、しゃべって、みんなさあっと波が引いたように帰っていきました。残されるのは大量の洗い物です。

でも、家族みんなが実家にそろってお正月を過ごすのは、お義母さんの楽しみでしたから。

家を建て替える前には土間がありましたので、毎年、年末にお餅つきをしていました。お餅つきは、子どもたちはすごく喜びます。でも家でついたら、準備も後片付けも本当に大変でした。私の実家もいつもお餅つきをしていましたので、慣れていましたが……。

お義母さんは親戚中にお餅を持たせたいのです。家には、いったいお餅が何個入るのかしらというくらい大きな番重がありました。お餅屋さんみたいです。

子どもたちは、楽しそうに「あんこ」を包んだり、つきたてのお餅にきな粉を付けたり、砂糖醤油につけて食べたり、大根おろしで食べたり、が楽しみでした。主人の実家でも年末の恒例行事でした。

最初は習慣が違ったり、姑ですから、いろんな思いもあったのですが、長く一緒にいる間に情も出てきて、結果的にはすごく仲良くなりました。最終的にはお互いに好きになっていたと思います。

結婚して子どもを育て、そして主人の実家で姑と同居したことで、お嬢さんと呼ばれた私も次第に人の心の機微がわかるようになって、自分自身もそこで成長できたと思っています。

病院嫌いの姑が初めて入院していたとき、３人の嫁たちがそれぞれに幕の内弁当を作ってお見舞いに来るのですが、私がエステサロンの仕事のあいまに作ったお弁当を、「あんたが作ったお弁当を食べるわ」と言って、いつも好んで食べてくれました。姑に感謝しています。

第2章　仕事がしたい

エステサロンの経営者に

同窓会で仕事に目覚める

38歳になったときです。２人の子どもたち、長女薪、長男雄も中学生になり、少し手が空いてきました。

そんなころ、高校の同窓会の招待状が届きました。

「わあ、高校の同窓会か。なつかしいなあ。会場は家から近い都ホテル！」

卒業して、20年か。私が卒業したのは、大阪府下では進学校として有名な高校でしたから、みんなどんなふうになっているのかしら、会ってみたいなと思ったのです。

特に友人に連絡して一緒に行こうとしたわけでもなく、都ホテルは近いので、当日、一人でぶらりと行きました。高校を卒業してから2～3年、大学時代には、高校のときの友人と行き来がありましたが、その後は、ほとんどお付き合いはなかったです。それぞれ子育てや仕事で忙しいですから。

その日の同窓会は、学年会で、結構な人数が参加していました。私の学年は450人いましたが、3分の2以上が男子でした。

卒業して20年経っていたら、なかなか名前がわからない人も出てきそうです。そういうことも配慮してあって、入口で、「9組　太田（旧姓五百藏）」と書いた名札が用意されているのです。立食パーティーでしたから、好きなところを、うろうろしながら、名札を見ては挨拶したり、おしゃべりしたり。やはり男性の参加者が多かったように思います。

この同窓会は学年単位でした。この同窓会をきっかけに、クラスでお世話役を買って出てくれた男子が現れて、それからはクラス会とか、ハイキングとかいろいろなことを企画してくれるようになります。

同窓会に来ている人は、そのときの自分にある程度自信がある人や、なんらかの出世をしている人たちが参加しますよね。落ち込んでいる人は行かないと思います。さすが進学校。出席していた人たちは、社会で活躍している人たちがたくさん。キャリアウーマンとしてバリバリ働いている女子たちも来ています。そのとき主婦の私には、みんながとてもまぶしくて、圧倒されるばかりでした。

私はこれまで働いたといっても、母の会社の経理と兄の会社の事務を少し手伝っただけ。結婚してからは、少しは家計の足しになったらと思って、得意な洋裁の腕を生かして、家で洋服のサイズ直しを請け負ったり、団地の奥さんたちに洋裁を教えたりしていたけれど……、家を建てて引っ越してきてからは、洋裁からも遠ざかっている。

姑と同居するようになっていたから、働きに出るのも難しそう。姑のお世話をしながら、私が始められる仕事はないかな～。ずっと家にいて、社会とつながるような仕事はほとんどしていない。このまま何もせずに、主婦で人生を終えるのかな～。

世の中で活躍している同級生の話を聞きながら、ちょっと気分が落ち込みました。

このまま主婦では終わらない

そんなとき、ふと同窓生の一人の方が話していたことを思い出しました。

「これから、海外からエステティックサロンが日本に入ってきて、ブームになるわよ」

彼女は自分がエステティックサロンのお店を開くスペースを探していらっしゃいました。

その言葉を思い出したとき、ぱっとひらめいたのです。

自宅は、大阪市内の天王寺の駅に近く、3階建ての家でした。1階は主人の会社の車2台分のガレージにしていたのですが、車を別の場所にとめるようになって、空いていました。そのとき、20坪のそのスペースがちょうど空いていたのです。

主婦の私が自分で何かを始めようなんて、それまで考えたこともなかったのですが、1階のガレージをリフォームしたら、お店として使えないかしら？　ターミナル駅のすぐ近くの立地だから、お店をやるにはなかなかよいところじゃないかな。

とにかくまず、その友達に話を持ちかけてみようかなと思い始めました。

「このまま、主婦のままで人生を終えたくない」という思いは、いつも自分の中にあったのです。でも、何を始めたいのか、自分でもよくわかっていなかった。優しい夫がいて、一男一女に恵まれて、お金に困ることなく毎日暮らしていて、不満なんてないはず。でも、子どもたちの手が離れてきて、自分探しをしたいという思いだったのだと思います。

同窓会に出席したことがきっかけで、そんな私が始めたのは、自宅の1階のガレージのスペースを貸し出すことでした。

改装のための資金を借りる

「よかったら、一度私の家の1階のスペースを見に来てみませんか?」と、その同級生に連絡を取りました。ほどなく見に来てくれた同級生は、その場所を気に入ってくれました。

そしてエステサロンを出す話がまとまったのです。でも、もちろんガレージのままでは、エステサロンのお店はできません。内装するには、資金が必要です。なんとかして、捻出しなくては……。

でも主婦の私には、そんな資金、手元にありません。このことは初め、主人に言わずに、勝手に動き出していました。

私は、結婚前は母の会社で経理をしていましたし、夫が会社を始めてからも経理面を手伝っていて、銀行や税理士さんなどとのやりとりもしていましたから、ある程度の知識はありました。お金を借りるのは、銀行ですが、国民金融公庫（現在は株式会社日本政策金融公庫）に聞いてみようと思ったのです。たまたま家の近くにあったからかもしれません。通りがかりに中の様子を見ると、スーツをきっちり着こなした男性たちが対応している。そんな窓口に行くのは、ちょっとひるみました。

これといった仕事の実績のない主婦の私に、資金を貸してくれるのだろうか。不安でいっぱいな気持ちでしたが、勇気を持って、「内装を変えたいので、お金が必要なんです」と、融資を申し込みに行きました。申し込みに必要な事業計画書は、自分で作成しました。それまで、母の会社や主人の会社の経理面を手伝っていたので、なんとかしました。

「会社を経営している主人が保証人になってくれますから」と言ったんですが、「今から始めるお店に融資することは実績がないので非常に難しい」と。ところが、担当してくれた人が、話しているうちに偶然にも大学の後輩だとわかりました。大学の話などで思いがけず盛り上がり、彼が「貸しますわ〜」と言ってくれて、運よく300万円の融資を受けることができて、無事ガレージを改装しました。美しさを求めるエステサロンなので、結構お金をかけて、きれいに内装をしました。

エステサロンの家主に

まもなく同級生がエステサロンをオープン。エステサロンの草分けのころで、お店は結構流行りました。私も自宅の1階なので無給でお店を手伝っていました。

私は自分がお店をするわけではなくて、エステサロンをやりたい友人に貸しているので、彼女から受け取る毎月の家賃で、国民金融公庫に毎月10万円を返済していくのです。返済は簡単にできると、気楽に考えていました。

ところが、始めて1年も経たないうちに、うちの1階のスペースでは手狭になってしまったらしいのです。

「私は別の場所で、もっと大きなお店を持つことにしたから」

と言って、出て行ってしまったのです。

私はすっかり困ってしまいました。改装のために国民金融公庫から借りた借金はまだまだ残っています。このままエステサロンにしていたスペースを空いたままにしていては、返済できません。他の人に貸すには、また費用がかかってしまうでしょう。

悩んだ末に、私は自宅1階のお店を、自分で経営しようと決心しました。

そこで仕入れなど化粧品を運んだりしなければならなくなり、39歳で運転免許をとることになりました。初めて自分で買った車は、ホンダの赤いワンダーシビックです。家の中は、姑をはじめ夫のきょうだいがいて、自分の部屋などなかったので、車は唯一の私の個室でした。私が車を好きな理由の一つです。

エステを学び、サロンの経営者に

それまで友人が経営していたエステサロンを手伝っていたので、見様見真似で、ある程度のことはわかっていたつもりでしたが、それだけでは、お店は経営していけません。エステティシャンとしての技術をきちんと身に付けていないのです。

ちょうどエステが日本でブームになろうとしていた時期だったので、大阪の千里中央にエステティシャンを養成する学校が開校していました。

「彼女が出ていってしまった今、私がエステの技術を学ばねば」と決意して、お店の再オープンは3か月後と決定。その間に学校に通って、しっかりエステの技術を学びました。

私は39歳になっていました。

夫の理解もあり、生活がかかっているわけでもありません。初めはエステをしたくて始めたわけでもなかったのです。ただ何かをやりたかった。社会と接触した仕事は初めてで、それが楽しかったのです。生活がかかっていたら、もっと真剣にいろいろなことを考えたと思います。

（ぼくの母の面倒を見ないといけないから、妻はどこかに勤めに行くわけにはいかない。それなら、家で好きにして、楽しんでいるのがいい）

と主人も思っていたのではないでしょうか。主人は理解がある人でしたので、その優しい主人に甘えて始めました。そんな主人にとても感謝しています。

エステの仕事を楽しむ

「内装のために国民金融公庫で借りたお金を返せたらいいわ」

初めは、そんな感覚でした。でも、次第に楽しみながら、エステサロンの経営をするようになっていきました。

予約制のサロンでしたので、姑のお世話をしながら、ご近所さんや学生時代の友人を対象に楽しんで仕事をしました。経営はまあ順調で、借金は予定通りに返済できました。

エステでは、手を使って、マッサージやパックを上手にやっていく施術があるのですが、私の手が大きく、柔らかくてそれがちょっと向いていたみたいでした。

「本当に、太田さんのサロンでしか、エステの施術は受けたくないわ」

という方たちが、遠くから来てくださるようになっていきました。

結果的には、自分でしっかりやるようになると、初めはあまり好きでもなかったんですけど、なんだか楽しくなっていきます。

私がエステをやっているという噂は、学生時代の友人の中で広がっていって、新たに来てくれる人も増えていきました。忙しくなってきたので、ご近所の奥さんにパートでお手伝いに来てもらいました。エステをしながら、友人同士で昔の話ができますし、それも楽しいのです。借金も返済できたし、生活がかかっていないという安易な気持ちでやっているので、すごく気楽に仕事をしていました。

同居している姑のお世話をしながらの、私の初めての世間との接触の場は15

年続きます。

「エステサロンだから、それがかえってよかったんじゃない？　太田さんは、おっとりとした雰囲気だから。本当はエステする方じゃなくて、される方のイメージよね」

と、言われたりしていました。

聞き上手

私は母親の会社に勤めた後、結婚して主婦になりましたが、その主婦に思いがけないことが起きて、エステサロン「サロン・ド・ビアン」の経営者になりました。

そんな私がエステティシャンとして仕事をしている中で、気付いていったことがあります。それは、「自分の話を聞いてもらう人がいない」と思っている人がとても多いことでした。

エステの施術をしているときに、私はお客様のお話を1対1で聞いて差し上げるという時間を持てます。お客様は、その方のバックグラウンドを全然知らない私を相手に、安心して、ご自分のいろいろなことを話されました。

次第に、私は自分でも「いい聞き手になっていっているかな」と思うようになりました。だからでしょうか、話を聞いてもらえるということで、遠くからでも来てくださるようになりました。

「聞いてもらうことに、みなさんが飢えておられる」

そんな感じで、みなさんと何となくいい人間関係が出来上がっていきました。

私のエステサロンに来てくださっているお客様の中には、長いお付き合いをさせていただいている方が多いです。お客様としてではなく、友人関係になる人もいます。さらに趣味が同じなら、一緒にどこかに遊びに行ったり、お食事に行ったりもしました。一番長い方とは、もう30年以上のお付き合いです。

お客様からいただいた言葉

私は世間知らずだったので、人を疑ったりしないで生きてきました。でもだまされそうになって、サロンのお客様のアドバイスに助けられたことがあります。

あるとき、イベントで景品として使いたいので、シャンプーを100本送ってほしいという依頼の電話がかかってきました。今まで取引したことがない会社でした。至急手配しようとすると、たまたま電話のやりとりを漏れ聞いていたお客さまが、「太田さん、大丈夫？　そのイベントが本当にあるか、確認してみたほうがいいんじゃない？」と言ってくれました。

すぐに確認したところ、そんなイベントなどなかったのです。危うくだまされるところを、そのお客さまの一言で助けられました。本当にありがたいことです。

この件を警察に届け出ると、被害が頻発していたらしく、おとり捜査に協力してもらえないかと依頼されました。しばらく迷いましたが、被害にあう方を減らすことができるならと、引き受けることにしました。

おとり捜査で、犯人と商品の受け渡しをするために待ち合わせを約束しました。

その日、私は小さなイヤホンを付けて、待ち合わせの場所に行きました。通りすがりの人たちが私とすれ違う時に、「刑事です」と名乗ってくれたり、「私たちがついていますから、大丈夫ですよ」と、言ってくれたりしました。刑事さんたちの心遣いを感じながら、待ち合わせの時間が近づくにつれ緊張感がどんどん増しました。

幸いなことに、私が犯人と顔を合わせて話す前に、犯人は変装していた刑事さんたちに取り押さえられました。犯人にとびかかるようにして組み伏せたその勢いに呆然として、私はただ突っ立っていました。正直言って、怖かったです。

でも、その後、私の通報とおとり捜査のおかげで犯人を無事逮捕できたとのことで、警察から感謝状をいただきました。

エステのお客さまたちから、ほかにもいろいろな言葉をいただきましたが、なかでも忘れられないのは、予言のような言葉でした。

初めてサロンにいらっしゃった年輩の女性が待合室のソファに座ったとたん、受付に立っている私のほうを見て、おっしゃったのです。

「あなたは何をしても成功するわね」と。

私は驚いて、ただ「ありがとうございます」と答えただけだったのですが、有り難くて何か大きな力をもらった気持ちになりました。

その後も折りに触れ、この言葉を思い出します。

言葉の力って大きいですね。

こうしてお客様からいただいた言葉で、私は成長していったのだと思います。

人生初の研修での学び

化粧品会社の北近畿地区の所長に

少し遡りますが、店舗を貸した友人が1年あまりで出ていってしまい、自分でエステサロンを経営するようになった時のことです。

エステサロンではいろいろな化粧品を使いますが、自分で始めるときには、A化粧品の商品を使いたいと思いました。当時素晴らしいガラスの和風容器に入った特別な高級化粧品がありましたし、マッサージクリームが優れていました。きれいなガラス容器に入ったマッサージクリームはキープ制（ウイスキーのボトルキープのように）にしました。なのでサロンオープン時に大量に仕入れることになりました。

化粧品販売のルールを全然知らなかったのですが、A化粧品は販売員の方たちが、住宅地で訪問販売をする販売方法をとっていました。小売りをしているうちに、売上高を積み上げていき、所長という地位がもらえるのです。

一方、エステサロンには20人、30人とお客様が来られていますから、私は開店する前にたくさんA社の化粧品を仕入れました。その仕入れ額が多かったので、お客様ひとり一人にコツコツ売っている販売員の方たちの数字を一気に飛び越えてしまい、天王寺営業所の所長という地位になりました。小売りの経験が何もないまま、仕入れで「所長」になってしまったのです。

A化粧品を選んだのは、「エステティック」という言葉が世の中に知られるようになる前から、千里中央で「ゴールデン・ドア」という、自社製品を使うエステティックサロンを運営していたからです。A化粧品のラインアップは、他社の化粧品に比べて、基礎化粧品が充実しているのです。

「私のサロンでも、ぜひそれを使いたい！」

私は、これと思ったら実行に向けて一途に進むタイプです。そのときは、A化粧品の会社のことがよくわかっていたわけでもないのに、その品質に惹かれて仕入れたかったのです。

こうして私は販売実績ではなく仕入れで所長になったのですが、月に一度は北近畿地区の所長会議がありました。私は大学を卒業してから母の会社を手伝った程度で、きちんと就職した経験がなかったので、企業の研修など受けたこともありませんでした。

そんな私が、なんと所長研修を受けることになったのです。いつもは日帰りの研修でしたが、1週間泊まりの新人所長研修に行ったときのことは、今でも忘れられません。

泊りがけの所長研修で鍛えられる

1週間泊りがけの所長研修では、名古屋に行きました。毎朝6時、ラジオ体操で1日が始まります。新人社員が会社の研修を受けるのと同じようなものです。それは、本当に就職経験のない主婦の私にとっては、ものすごくつらい体験でしたが、その一方でよい学びになりました。

毎日午前中に勉強会がありました。でも特別ハードだったのは、午後からの研修でした。そのとき新人研修を受けに来ていたのは、20人ほどでした。

　昼食を終えると、みんなバスに乗るように言われて、出かけていきます。研修生は、全員水色の所長制服（スーツ）を着て、「研修生」と書いたバッジを胸に付けています。目的地に着くと、いきなりバスから降ろされました。

「みなさん、今から夕方まで、この基礎化粧品セットを訪問販売してきてください。それぞれの担当のエリアは、地図に示してあります。自分の担当エリア内のお宅を訪問して、販売してください。夕方まで、バスには戻れません。途中で、もしトイレに行きたくなったら、どこかのお宅で借りてください」

　これが、私たちの受けた研修でした。月曜から土曜まで、毎日です。それぞれ決められたエリアを訪問するように指定されました。最終日はどこに行ってもいいようになっていて、他の人の担当に決められていたエリアでも、どんどん売ることができます。

　名古屋の新興住宅地という全然知らないところに連れていき、土地勘のない、知り合いもいない、何もないところで訪問販売させるのが所長研修だったのです。

　私たちが「売ってこい」と持たされたのは、A化粧品の中でも高級なセット商品。基礎7点が大きな化粧箱に入っています。

A化粧品にはいろいろなグレードがあって、若い人用とか、ちょっと気軽に買えるタイプのシリーズなどもありました。高級なシリーズは、漢字一文字のネーミングで、和風を連想させるすりガラス製のすてきな容器でデザインも品の良い高級化粧品セットです。

パッケージに入っている基礎化粧品7点には、使い方の順番があって、7点が絶対必要というトレーニングを受けています。

その高価な化粧品シリーズは、当時（1980年頃）の価格で6万9000円。これを売ってこいと言われているのです。所長研修ですから、安いものを1本売るわけじゃないのです。ガラス瓶入りの重い大きな化粧箱入りセットを、1日じゅう、ずっと持って歩き回りました。

土地勘のない地域で訪問販売

全然知らない地域で、研修という名のもとに、お宅を訪問して、高級な基礎化粧品7点セットを販売しなくてはなりません。

「約7万円もする化粧品セットを、ピンポン鳴らして、突然やってきた化粧品会社の研修生から、誰が買ってくれるんだろう？」

訪問販売した経験が全くなかった私は、そんなレベルでしか考えられませんでした。もう本当に死にそうな気分でした。

訪問販売に回っていた辺りは、新しい住宅が400〜500軒ほどもありました。当時、日本ではそういった住宅地がどんどん開発されていました。

「高いローンを組んで住み始めたばかりの住宅で暮らしている人たちが、高価な化粧品を、即決で買ってくれるものかしら」

不安は募っていくばかりです。

A化粧品の地域を束ねている地域リーダーは、全員20代で、長身で男前の店長をそろえていました。化粧品会社の訪問販売員はほとんどが女性で、多くが主婦です。販売員の女性たちは、「自分たちの店長の成績を上げるのは、自分たちだ」と思っているので、店長のためにがんばっています。言い方はよくないですが、女心をくすぐって、女性のやる気をかきたてて、販売成績を上げるように仕向けているように思いました。私はなぜか白けていました。

一日が終わると、毎晩反省会がありました。売れなかった人たちは、鬼の教官の店長たちから反省と次の戦略を考えるように指導されます。私なんか全然売れていなくて、ゼロで帰ってきていましたから、毎晩反省会で怒られているわけです。そのときは若くて男前の店長たちが、本当に怖かったです。

「なんで、できない？」

毎晩、売れなかった反省の理由をいっぱい言わされました。訪問販売の経験なんて何もないのに、ただエステサロンの仕入れをしただけなのにと、なんで私がこんな事を……と、もう本当に涙が出るくらい悲しく、悔しささえ感じました。

なぜ私が、今、何のためにこんなことをしているのだろう?と。

なぜ今、私がこんなところにいるのか。なぜか流れで来てしまった。目的があって来たわけではない。化粧品をまとめて仕入れたら、いきなりこんなことになってしまった。

しかも一緒に研修を受けている人たちは、訪問販売をしながら、点数を積み上げて所長になってきた叩き上げの人たちです。仕入れしかしていない私は、全然場違い。だから、研修生の中には知り合いもいません。最初のうちはとてもしんどく、毎日が苦しかったのです。

高級化粧品セットが売れた！

ピンポンとチャイムを鳴らして、どこかでトイレを借りるなんてできない。初めての経験ですから、お水を飲まないようにしようと、そっちに神経が行っていました。

家のローンを抱えて大変かもしれないお宅にいきなり、

「7万円の基礎化粧品セットを買っていただけませんか？」

と訪問しても、ほとんどピンポンする段階で断られていました。

です。

「大阪から研修で来ています……」

買ってくれるなんて自分で思っていないから、よけいに売れるはずがないの

と言われ続けました。断られても粘ります……。

「結構です」

ところが、そんな私も6日目の最終日に売れたときは、体中から一気に力が抜けるほどうれしかった。

あの時の感動は今も忘れられません。

ピンポンと鳴らしたら、ご主人が出てこられました。

とっさにご主人なら無理！と思いました。

ところが、そのご主人が私の研修生のバッジを見てくださって、

「ああ、研修生なんだね」と、おっしゃいました。

やはり社会人なので、状況をすぐ理解してくださったようでした。

幸いにも門の中へ招き入れてくださったので、玄関で、その高級化粧品セッ

トの素晴らしいところを奥様に説明させてもらいました。

もちろんご主人も横でずっと聞いておられました。

そうしたら、そのご主人が最後に奥さんに、

「買ってやれ」

と言ってくださったので、やっと買ってもらえたのです。

「ああ、やっと買ってくれるんだ」とホッと一息つきました。

でも、不思議なものです。すると、それから勢いがついて、近くのガソリンスダンドの男性にも、

「何か1本でも買ってくれませんか？」

とか言えるようになりました。そして、売れなくてしょんぼりしている研修生の人を見かけて、「私が一緒に行ってあげる」と声をかけました。

それまでの自分を見ているみたいでしたから。

すると不思議なことですが、持ち歩いていた化粧品がすべて売れるようになっていったのです。

何か一つ開けたら、うまくいく

最終日（6日目）には、自分のテリトリーだけじゃなくて、どのエリアを訪問してもいいことになっています。それまでは、この地図の中だけと決められたエリアを回っていましたが、歩いているうちに、出会った2人の男性にも売ってしまいました。

男性の方がよく買ってくださることにも気が付きました。

男性の方は社会に出て、もっと厳しい状況も経験されているからなのかとも思いました。

A化粧品の化粧水は、男性でも女性でも使えて、男女両用です。

彼女へのプレゼントだったかもしれないし、奥さんに買ってあげたのかもしれません。買ってくださったことが本当にうれしかったです。

あれだけ売れなかったのに、1セットをあの家のご夫婦に買って頂いたおかげだ！「売れるはずがない」というマインド（心）が商品を売れなくしている！

「売れる」と思っていれば、売れるようになるんだ！　心の持ち方一つだと。私は気が付きました。

そのとき、とにかく自信ができて、勢いに乗ると、どこに行っても売れると思えました。だから、手当たり次第売りました。一度売れたという自信って面白いもので、次々と売れるんですね。

毎日訪問販売に回って夜は反省会でしたが、最終日の夜はパーティーでした。毎晩怒っていた鬼の店長たちが全員勢ぞろいして、研修生たちに「みなさんのために、この合宿では、これまで厳しいことを言い、申し訳ありませんでした」と全員で並んで頭を下げて、謝られたのです。感動しました。

後から考えてみると、あの研修の体験があったから、今の自分があると思っています。

自分に一つ自信ができたら、あとはうまく行くものだなあとわかりました。また誰かのために自分が売ってあげなければと思えば、売れるのです。本当に訪問販売で売れる……。

後で実感したことですが、反省ばかり言わされて、始末書ばかり書かされ、気持も落ち込んでしまい、余計にダメだったんです。何よりも強いのは「私はできる」と思うことでした。

「あの時のぶっつけ本番の訪問販売の研修での心の変化、できないと思っていたことができた経験と感動や、お互いが助け合いたいと思う気持ち、最後には店長の思いやりの心を体験したおかげで、今の自分がある」と思える部分が多々あります。

今になっては、あの時の体験から学んだことに感謝しています。人生でなかなか経験できないことを体験させていただきました。

「学んで努力してがんばって、何か一つきっかけをつかんだら、あとは全てうまく行く」ということも学びました。

真剣にやり続けたら、必ず目の前が開ける。結果的には到達していくと。

私のビジネスは人間関係から構築するものですが、ここで学んだ考え方は、何にでも当てはめられると思いました。

この体験が、次の仕事で多いに役立ったのです。

子どもたちのこと、姑のこと

長女と長男は、二人とも真面目な性格で、親を困らせたりすることもなく育ちました。

長男のことで、ひとつだけ驚いたことがありました。

公立高校の3年生のときのことです。文化祭の後に、河原で仲間とお酒を飲んでいて通報されたことがありました。仲間はみんな逃げてしまい、息子が一人で罪をかぶることになり、私も学校に呼び出されました。でも、先生もそのことはわかっておられるようでした。

その後は、親に心配かけることもなく、大学卒業後は一流企業に就職。メキシコに転勤して、8年間過ごしました。お嫁さんは同じ大学の同級生。美人でよく気がつく女性です。メキシコへも息子と一緒に行ってくれました。孫は女の子一人で、今は社会人になり、東京で仕事をしています。

長男のメキシコ転勤のおかげで、私たち夫婦は息子の家族を訪ねて、何回もメキシコに行きました。有名なリゾート地のカンクーン旅行には、長女の家族も一緒に行くことができ、家族全員が勢ぞろい。よい思い出になりました。

長女はエレクトーンが得意で、高校生になってもよく弾いていました。芸術系の大学に美術専攻で進学してもエレクトーンを続けていましたから、かなりの腕前です。

数年前、中部セントレア空港に置かれていたピアノで、大好きなエレファントカシマシの曲を弾いていたときに、NHKの取材班から取材を受け、『街角ピアノ』という番組で何度も放映されています。

一方、私も予約制のエステサロンをしていた頃、時間のあるときには、音楽が好きなのでヤマハのエレクトーン教室に通い、ドラムを叩いて、バンドを組んで成人の部で発表会に出たり、そこからまたエステのお客様ができたりしました。

順調で穏やかな毎日が続いていたそんなある日。1993（平成5）年のことでした。89歳の姑が、私と一緒に2階から階段に腰をおろしながら1段ずつ降りていて、私はその後をついて降りていたのですが、途中で義母の背中のコルセットが滑り台のようになって、目の前で滑り落ちてしまい、肩を骨折してしまいました。姑は太っていて、体重が重いので加速して、止めることができませんでした。89歳で初めての入院です。

そのとき、折悪しく主人も尿路結石で入院中でした。主人は野菜が嫌いで、脂身の多いお肉が大好き。そして、毎晩晩酌が欠かせない人です。何度も通風の発作を起こしたり、腎臓結石になったので、いずれ心臓に来るから気を付けるようにと医師に言われていたのですが、生活習慣をなかなか改めることができなかったのです。私は姑と主人、両方の病院に通うことになりました。

姑が入院してから1週間ほどしたとき、暑がりの姑は夜中に病院の個室の窓を開けたままで眠り、風邪を引いて肺炎を起こし、その年の11月に89歳で天に召されました。入院が大嫌いだった姑がまさか骨折で初めて入院して、病院で亡くなるとは思いもよりませんでした。

主人は、義母の葬儀のために一時退院。喪主として立っていることも精一杯の状態でしたので、義母の葬儀をほぼ一人で切り盛りしなければならず、本当に大変でした。

数週間後には夫が退院し、一息つきました。

夫59歳、私52歳の秋でした。

ハーバライフの創立者、
マーク·ヒューズと

中左:マーク·ヒューズの師でありハーバライフ社の副社長でもある成功哲学者のジム·ローンと

中右:ノーベル医学生理学賞受賞、ドクターイグナロと。2006年

下左:ハーバライフ製品の開発に関わるドクターたちと。
製品開発のUCLA細胞分子栄養学研究所を見学

エステ経営の経験から
ハーバライフのダイエットは
画期的だと直感。

My Life, My Mind

今の成功にたどり着くために
これまで経験してきたことのすべてが、必要だったと思っています。

My Life, My Mind

伸び悩んでいる時期に
出会った
ニュートリション・クラブ。
その可能性を信じて。

ハーバライフのマガジン「today」にインタビュー記事が3ページにわたって掲載された

バケーションで行ったカリブ海クルーズで

オフィスではオンライン会議も

デルタ航空のコックピットで。2011年

バケーションに向かう機内。
お揃いのシャツで

妹夫婦と一緒。地中海クルーズの船内で

家族旅行で行った沖縄で撮影したアートな写真

春日大社で孫と。新聞各紙に掲載された

孫たちも一緒。家族が集まって

現在の愛車は赤いベンツ

長男の雄家族が赴任中のメキシコを訪ねて。2002年

第3章　アメリカ発健康補助食品と私のビジネス

ダイエット製品との出会い

エステサロンに来た青年

エステサロン「サロン・ド・ビアン」を始めて、15年目。１９９５（平成７）年の7月の終わりのことです。

姑を見送り、夫も病気が回復して、それまでの日常に戻り、私は自宅の1階で予約制のエステサロンを続けていました。

そんな夏のある日、セールスマンにはとても見えないような若い男性が、私のお店のガラスドアの向こうに汗をふきながら立っているのが、お店の中から見えました。入ろうかな、と躊躇されている様子。スーツを着ているので、セールスマンのようだけど、そうとも見えないような。とにかく真面目そうな若い男性です。

じっと待っていただくのは、暑くて申し訳ないけれどとは思いましたが、お客様が一段落してから、こちらからドアを開けて声をかけてみると、とても真面目そうな方です。

セールスマンの売り込みは、ほとんどいつもお断わりしているのですが、お店の中に入っていただきました。

話を聞いてみると、私の化粧品関係の同業者、Yさんの紹介でエステサロンをしている私のところを訪ねてこられたそうで、目的はダイエット製品の紹介のようです。

「太田さんのエステのお店には、ダイエットって必要ですか？」

Tさんとおっしゃるその方は、ずばりと聞いてこられました。短刀直入というか、ずいぶんストレートな質問をする方です。

そのダイエット製品は、アメリカの大手企業のハーバライ

アメリカのダイエット製品を紹介してくれたTさんと

フ・インターナショナル社の健康補助食品で、1食が約90キロカロリーなのだとか。使い方次第で、体重のコントロールができる、優れた栄養ダイエット食だと説明されました。

Tさんの説明がすごくしっかりしていたので、次第にその製品の説明に引き込まれてしまい、興味がわいてきました。Tさんはそのとき29歳で、学習塾の先生をしながら、ダイエット製品の営業もしているのだそうです。子どもたちに勉強を教えるお仕事をされているだけあって、さすが説明がお上手です。

ダイエット製品のモニターに

そのころの私は54歳になり、ちょうど更年期のまっただなか。ちょっと太り始めていることが悩みでした。それに私のエステサロンのお客様の中には、やせたいと思って通っている方が何人もいらっしゃいます。

当時エステでしていた痩身のメニューでは、私の管理から離れたとたんに、リバウンドを繰り返してしまうお客様が多くいらっしゃいました。

実は、私自身も過去にいろいろなダイエット商品を試してきています。それまでの経験では、急に減量すると生理が来なくなったり、栄養バランスが悪くなって、風邪をひきやすくなったり、活力感が落ちたりなどといった症状が出て、体に弊害があるのではないかと感じたものもあります。

ところが、Tさんが紹介しているのは、バランスよく栄養素がしっかり摂取できて、健康的にダイエットできる方法だとおっしゃるのです。説明をくわしく聞いているうちに、「この商品を購入して、試してみようか？」という気持ちになっていきます。これまでエステを経営していて、ダイエットの難しさを十分知っていたので、とても画期的だと直感的に思いました。

そこで、思いつきました。まずモニターをしてみるのがよいかもしれない。うちのお店のお客様で70kg以上の方5人と一緒に。そこで、声をかけてみました。「私と一緒に、アメリカのダイエット製品のモニターになって、ダイエットしてみませんか？」

すると、みなさん「ぜひ、やってみたいわ」と言ってくださいました。そこで、私を含めて6人で、その商品を使ってみることにしたのです。

始めてみると、その70kg以上の方たちが、みるみる体重を大きく落として、きれいになられていったんです。今までのダイエットでは、やっぱり急にやせたりしたら、ちょっとシワが出てしまったりすることがありますが、そんなふうには見えません。かえって若返って見えます。

モニターでやっているので、ちゃんと計測をします。5kg、15kgとやせて、別人のようになった方もいます。私自身は、2か月でなんと7kg体重が減りました。

そうすると、自分でも見た目も若々しくなったような気がしてきます。今までトライしてきたダイエットでは想像もできなかったような快挙。自分でもびっくりするような効果が出ると、うれしくなってくるものです。

一緒に始めたお客様5人も、短期間で10kgから15kg体重が減り、お肌のシワもたるみもなく、きれいに減量できたのです。見た目にも、とても若返った感じがしています。

私を見た方からは、「太田さん、どうしたの?」と、聞かれるくらい、きれいにやせていました。お客様にもダイエットの大きな成果が出て、勧めた私もとてもうれしく感じていました。

多くの人に素晴らしさを伝えたい

そして、紹介者のTさんの勧めで、ダイエット製品の会社の説明会に行くことになりました。そこで見たものも、出会った人々も世間知らずの私には、目を見張るものでした。

このダイエット製品は、アメリカのハーバライフ社の製品です。

健康的な身体を維持するために、栄養と健康の分野において、世界で活躍するアメリカのＵＣＬＡ（カリフォルニア大学ロサンゼルス校）の研究者などの指導のもとに開発されていて、食事と簡単に置き換えることができる製品なのです。

私がハーバライフの製品を食品として信用した理由は、

①世界95か国の政府機関で認められて流通している。

②ハーバライフ社は上場が難しいニューヨーク市場上場企業。
③歴史が長い（41年）……長く使っても問題ない。

私はそこで多くの方たちの体験を目の当たりにしました。

「やせてきれいになると、収入が付いてくる！」

就職もせず、小さな箱の中で生きてきた私にとってネットワークビジネスという言葉さえ、初めて聞く言葉でした。

説明会の会場で話を聞くと、健康で豊かに生きることを伝えたいと思う人が増えていきます。その人たちが誰か友人や知人に伝えて、新しい人が話を聞いたら、その人が自分でまた始めていきます。そういうふうにして、広がっていくビジネスでした。だから、複製のビジネスと言われているのです。

「正しいマーケティングプランの会社なら、誰にでも努力次第で無限の可能性があり、ハーバライフ社のマーケティングプランはハーバード大学や、日本では早稲田大学で教材にもなっています」

見るもの、聞くもの全てが初めての経験で、しかもみなさんが明るく楽しそ

大豆由来のたんぱく質を使い栄養バランスに優れたプロテイン、ハーバライフの製品を背に、2022年9月アイカオフィスにて。81歳の私

トップアスリートたちが愛飲しているハーバライフの製品。こちらは牛乳たんぱくを使ったプロテイン

うでした。私はこのダイエット製品を販売するビジネスに大きな可能性と魅力を感じ、夢中になっていきました。

私はハーバライフの製品を使うようになってから、「どうしたら、そんなにダイエットできるの？」と会う人ごとに聞かれるようになりました。そこで聞かれたら「効果がなければ30日以内に返品したら全額返金される制度があるから試してみては？」と伝えるようになりました。30日間返金保証です。

なかには、「太田さんがやっているのって、それ、ネットワークビジネスでしょう？」と質問してくる人もいます。

自分で使ってみて、本当にダイエット効果があるので話をしていたのですが、製品の力ではなく、販売方法について聞いてこられました。

そもそも、ネットワークビジネスが何かもよく理解していないまま、お店のやせる商材として使い始めていて、「とっても効果があるから、ぜひ試してみてね」とか、人に勧めてしまっていたのです。

当時の私は、ネットワークビジネスというものを知りませんでした。あわてて検索して調べました。狭い範囲で生きてきたので何も知らない主婦でした。ただ、ダイエット効果がすごい製品に出会って、夢中になっていったのです。

夢中は楽しさにつながりました。この素晴らしい世界を誰かに伝えたい！多くの方たちに健康的にダイエットする方法を伝えたい！と思うようになり、この仕事に没頭するようになります。

自分で話してもうまく伝わらないと思いましたので、説明は塾の先生でもあるTさんにお任せして、私は友人知人に説明会の案内をし、Tさんの運転手役に徹しました。そしてよいも悪いもご自分で判断していただくことに徹しました。そのうちに私のお店にセールスに来られる方にも説明会を案内しました。たまたま他のビジネスを伝えに来られた方にも、交換条件でこちらの説明会に来ていただいて、「こちらの方がよい」と逆リクルートになった経験もあります。

また義理の兄の友人で、大手企業の部長さんが、有名な他のネットワークビジネスを伝えに来られたのですが、ハーバライフの説明会に一緒に出掛けてくださって、これは素晴らしいと、私のビジネスのスタート時に大きな力になってくださいました。

当時毎週末に説明会がありましたので、毎週土曜日は、私のエステサロンは予約で満員だとお断りすることにして、私の運転する車にはあと4人乗れるため、毎週誰かと一緒に参加すると決めました。説明会に通い続けて、「見て、自分で決めていただく」ことに徹しました。

そして気が付けば、半年で大きな収入をいただくことになっていったのです。

運転好きがビジネス拡大に役立つ

私が車の運転免許を取得したのは、エステティックサロンを始めた39歳のときです。化粧品の重いケースを運ばなければならないからです。免許証をとると、車の運転が好きだということに気が付きました。もう一つは、家には姑をはじめ夫の弟たちがいましたので、一人になれることがほぼなく、車を運転している間は、そこが私の個室になりうれしかったのです。そして一気に行動範囲が広がったのです。自分で運転できるようになりたいと憧れてもいました。

そういえば、主人と親しくなったのは、夫が運転する社用車でよく送ってもらっていたのがきっかけ。それがデートみたいなものだったなあと、なつかしく思い出します。

主人は、運転がとても上手で、乗っていて安心できる運転でした。ただ営業職で、長年毎日走り続けているので、後年は私の運転する車の助手席に乗るのが好きでした。

私が自動車教習所に通って、学科試験の勉強を家でがんばっていたのを、長女はよく覚えているようです。長女が孫たちを連れて遊びに来たときの帰りは、よく京都の家まで送り、大阪への帰りは一人ドライブを楽しんでいました。

免許取りたてのころに、主人の車を借りて、ドアを少し擦ってしまったことがあったのですが、初心者なら仕方がないと主人は全く怒らない人でした。そういえば54年余りの結婚生活でも、一度息子の車のことで意見が違ったことがある程度で、何でも話し合って喧嘩することもなく温和な夫婦でした。

私自身も基本的に誰とも喧嘩はしないです。意見が違っても話し合えば、ほとんど解決すると思っていますから。そして私の性格上、あまり頭に血が上ることがないのです。温和というか、能天気な性格です。子どもたちともよく話し合いました。

子どもたちが学校から帰ってきて、私がキッチンに立っていると私の両サイドに2人が立って今日学校であったことなど3人でよく話しました。

毎日、車に乗って、もう運転歴は長いです。初期のころは何度かスピード違反で捕まりましたが、もう40年近く無事故無違反です。

そして念願だった自分の仕事の収入で自分の車を買うことになり、39歳のとき買った初めてのマイカーは、ホンダのコンパクトスポーツカーと言われていたワンダーシビックの赤。当時大人気だった車です。

マイカーを持ったことで、主人に遠慮することもなく、自由に動けるようになりました。エステサロンはお客様がお店に来てくださるので、特に車が必要ではありませんが、化粧品の仕入れや、エステ機器や小物などの購入で問屋さんへ、または北近畿地区の所長会議があるときは新大阪や千里中央まで車で出かけるようになります。

またドライブが好きなので遠出もするようになり、学生時代の友達と軽井沢などに行くときも、全員運転免許証は持っていますが、運転はいつも私です。

世の中には、免許は持っているけど、運転はそんなに好きじゃないという人もいます。でも、私はとにかく運転するのがすごく好き。運転するようになったら、友人たちと旅行に行くときも、友人の別荘へ行くときも全て私が運転していました。なかには人を乗せて運転したくない人もいますが。

「好きこそものの上手なれ」で「太田さんは運転が本当に上手だから、安心して乗っていられるわ。いつもありがとう」って。そんな感じで長距離運転にも慣れていたので、ハーバライフの仕事で、車で出かけるのは、全く苦にならないのです。

運転ができると、やはり仕事をする上では、とても便利。どんな仕事でも、行動範囲が広くなったら、お仕事を大きくすることができると思います。

会議のため大阪から九州までひとりで運転して出かけたこともありました。夜の高速道路で田舎の方へ行くと、街灯が少なくなり、暗くなります。九州へ行くときには、ナンバープレートに「九州」と書いてある車についていったこともあります。前の車のテールランプを頼りに、真っ暗な高速道路をひたすら走って。この車についていけば、きっと九州に行けると信じて運転していました。

私の場合は、みなさんをあちこちの説明会や勉強会に車でお連れできたことも、ビジネスの拡大につながったと思っています。

ビジネスにおいても、夜の高速道路と同じように先輩方の後をついて走りました。

成功へのステップ

プレジデントチームのテーブルにつきたい

ハーバライフ社では、１年に数回、世界95か国のリーダーの人たちを集めてトレーニング（勉強会）を開いています。ＵＣＬＡのドクターから栄養学を学んだり、世界中の人たちの成功例の報告を聞いたり、成功談を聞いて学んだり、社長や科学顧問委員会の先生や医師の話を聞くなど、さまざまなプログラムが用意されていて、私は、コロナ以前には、年に6～7回海外研修に参加していました。

Ｔさんにハーバライフビジネスを伝えていただいてから、自分なりに努力を続けているうちに、半年後にはＧＥＴチームというポジションになり、驚いたことに毎月7桁を超える収入の振込があるようになりました。そのまま休憩することもなく、もっと高いポジションをめざしていたのでやり続けて、その4か月後には、さらにミリオンダラーのミリオネアチームになり、そこから1年後、スーパバイザーからは1年9か月でトップポジションのプレジデントチームを達成していたのです。

とにかく初めての経験に夢中でした。

ハーバライフ社のネットワークビジネスでは、その人のチームの売上げによって、いくつかの段階（ポジション）があります。私はこの仕事に関わってから、まだ日が浅い9か月で上から2番目のミリオネアチームになって、初めて本社があるアメリカへ、アトランタのオリンピック会場で行われたトレーニングに参加しました。会場は、とてつもない広さのスタジアム。そこに世界中から招かれた人たちが集結するのです。

そのトレーニング会場で、私に割り当てられていたのは、スタジアムの3階の一番上の席でした。その席に座って会場を見回してみると、はるか下の方に、

プレジデントチームの年1回のバケーションで

白い布がかけられたテーブル席が用意されているのが見えます。周囲には囲いがあります。聞いてみると、そこは、最も成績優秀な人たちであるプレジデントチームのために用意された席でした。広い会場の中でほんの一握りの人たちのためのスペシャルな空間なのです。

私は3階席に座りながら、

「次にアメリカへトレーニングに来るときは、必ずトップポジションのプレジデントチームになって、あの中央の円形のテーブルに座りたい！」と決意していました。

それからは、あのポジションが、あのテーブルに座ることが私の目標になりました。でも、ビジネスがそんなに飛び級のように簡単に上がれるものではありません。ネットワークビジネスのシステムがわかっている人が聞いたら、それはあまりにも無謀な望みだと思ったことでしょう。

「目標は、大きく持てば持つほど、大きく成長する」ジム・ローン

ハーバライフ社の副社長のジム・ローンのこの言葉を思い出します。

「あそこまで行けたらいいな～」という弱気な考えではなくて、「あそこへ必ず行く！」なのです。

ジム・ローンの話を聞いて、とても彼を尊敬するようになった私は、最初から次に目指すところは、トップのプレジデントチーム。そういう考えを強く持ちました。

世界のトップを目指すのです。実現するには、特別な才能は必要ないのかもしれないと楽観的に考えます。創立者のマーク・ヒューズが言われていたように「毎日毎日を力の限り生きる」ことだと思いました。

でも、自分がさらに努力を続けて、より多くの方々に製品を知っていただかなくては、なかなか実現できるものではないはずです。私は「無理」だなんて思いません。とにかく力のある製品に出会いました！

プレジデントチームになると決めて前に進むしかありません。

1年9か月でプレジデントチームに

私は54歳という年齢からこのビジネスを始めて、今日まで26年間楽しみながらがんばっています。もう27年目に入ります。

「憧れのプレジデントチームになりたい」

一度そんなふうに思うと、私はそこしか見ていません。もう朝も昼も夜もなく、休みも必要ありません。

その結果、始めてから1年9か月でプレジデントチームに上りつめました。

本社でも驚かれるほどの超スピードでのポジションアップでした。

その上、ラッキーなことに世界で300番目のプレジデントチームという幸運で、社長のマーク・ヒューズから、すぐにロスへ来なさいとロス行きの航空券が送られてきました。初めてビジネスクラス席の飛行機に乗ったのが、ロサンゼルス行きだったのです。空港には、リムジンが迎えに来ていました。

今は亡き創立者のマーク・ヒューズは特別な人で、大きなホールで演説されているのを見る雲の上の人でした。そのマークと、女優のようにメイクしていただいて衛星テレビに出演！　私は夢見心地でした。まだ驚きは続きます。出演後は、かの有名なビバリーヒルズにあるマーク・ヒューズ邸へ招待されたのです。

どのようにして、こんなに早いスピードでプレジデントチームになれたのか。それはエステティックサロンというこれまでの私のビジネスのおかげでもあったかもしれません。

エステサロンの同業者の数人の人にハーバライフ製品を伝えると、みなさんが事業家なのでお店で使うようになり、私と同じようにビジネスをする人たちが増えていったからです。ハーバライフはネットワークビジネスですから、事業者の方の何人かが、私と同じように小売りをしたり、またその中から説明会を見てビジネスをする人が生まれたりすると、次第に大きなチームになっていきます。事業家に伝えたから、プレジデントチームの達成が早かったのです。個人のお客様や愛用者だけで増えていっても、達成までに時間がかかるでしょう。私の場合は、事業をしている方たちにも伝え、説明会を聞いて取り組んでくださるようになったので、幸運なスタートでした。

アメリカの衛星テレビに出演後、マーク・ヒューズ邸へ

大勢の人の
前でスピーチ

ポジションを追い越せるビジネス

ネットワークビジネスというと、最初に始めた人が絶対的に上のポジションにいるところが多いと聞いています。でも、ハーバライフ社の場合は違うのです。がんばって成績を上げたら、追い越すことができる良質のネットワークビジネスです。

私の仕事量が多いので、早い段階で逆転してしまったのです。それだけ、ハーバライフのマーケティングは公平だということがわかっていただけると思います。努力が報われるビジネスです。

ハーバライフ社では、がんばったら、がんばった分だけ、報いてくれます。年齢や国籍も関係なく、男女の差別は一切ないというところにも、魅力を感じています。

努力次第で無限の可能性があり、何のスキルのない私でもがんばると認められるし、たくさんほめられる（褒賞）ので、楽しいのです。

だから、さらに夢中になります。大人になってから、ほめられることなんて、そうそうありませんから。

そのおかげで達成が早く、多くの世界トレーニング（勉強会）やイベントにも早くから参加できる資格をとれているのです。

初期のころは、一人でロサンゼルスへ行くことが度々ありました。空港に着くと、片言の英語を駆使してタクシーに乗り、なんとか会場へ向かいます。初めのころは不安でしたが、会場へたどり着けば、世界中で展開しているハーバライフ社なので、同時通訳の無線機とイヤホンが用意されています。Ｊａｐａｎのチャンネルに合わせると、日本語の翻訳で聞くことができて、言葉の不自由は全く感じずに過ごせました。だから、英語が得意とはいえない私でも、ここまでやってこれたのです。

私の場合は「サロン・ド・ビアン」にハーバライフ製品を取り入れたところ、半年で収入が7ケタになり、法人化するように税理士に勧められました。

その時点でエステは止めて、ハーバライフオフィスに改装しました。

オフィスで

1対1のカウンセリング・スペースを設け、確実に健康的にやせる、太る、維持するなどの丁寧なサポートをしながら、朝食を低カロリーな栄養食に替える一生のお客様作りの方法に変わりました。生涯の健康・スリム・きれいをサポートするお店です。

そこが手狭にもなり、もっと大きなサロンオフィスへ移ることにしました。天王寺からも近い大阪市平野区のビルの最上階の32坪ほどのスペースを全部借りました。（1996年6月から2009年まで）。そこから業績も伸びて、やはり大阪市の中心地へ行こうということで、2010（平成22）年大阪市中央区に移転して現在に至ります。

夫婦で招待されるバケーション

ハーバライフをビジネスとして始めて、9か月でミリオネアチームというポジションを達成したので、成績優秀者として、初めてバケーションに招待されました。あまりにも早い環境の変化に、自分自身も驚くばかり。そのころの私は、夢見心地の日々を送っていました。ミリオネアチームから1年後にはトップポジションのプレジデントチームを達成すると、さらに豪華なバケーションに毎年招待されるようになっていきます。

アメリカのビジネスでは、このような旅行には、夫婦単位で招待されます。あまりにも急激な変化に自分でもとまどっているくらいですから、主人には想像を超えた出来事だったでしょう。理解することも難しいし、ついていけていなかったと思います。まあ当然かもしれません。

「会社から成績優秀でご褒美の旅行に夫婦で招待されているから、ハワイに一緒に行こう」

何回誘っても、主人は首を縦に振りません。信用できなかったのでしょう。そこで、私は夫の代わりに英語が得意な妹を誘って、一緒に行きました。

行き先は、ハワイ島のコナ。コナといえば、質の高いコーヒー豆で知られています。日本人観光客が行くのはオアフ島が多いですが、現在はハワイ島にも日本からの直行便が出ています。現地に行ってみると、当時の世界34か国（現在は95か国）からミリオネアチームが招待されていて、その規模のすごさには圧倒されました。それまでビジネスの経験など全くなかった私と妹には、本当に別世界の出来事。夜のパーティーは、それはもう華やかで、夢のような光景を目の当たりして、大興奮。

妹は私と同じように4年制大学の文学部を卒業しています。大学で英語を専攻したわけではありませんが、英語が好きで、外国人の先生の英会話学校にずっと通っていたので、英会話が得意なのです。一方、片言の英語しか話せない私。アメリカの会社からの招待ですから、やはり英語は話せたほうがスムーズに楽しめます。妹に一緒に行ってもらって、とても助けられました。

ハーバライフ社は、ビジネスのしくみもアメリカ流なのです。実際に仕事をしているのは私ですが、夫婦で招待されます。私がトレーニング（勉強会）やイベントに行くときは、家族もプレジデントチームとして最高の待遇で参加することができるのです。トレーニングの日程は、だいたい10日間前後です。

この仕事を始めるまでは、ときどきエステのお店の関係で仕入れている化粧品会社の所長会議で出かけるくらいで、夜や週末はほとんど外出したりしない、とても真面目な主婦だった妻が、ひんぱんに外出するようになり、海外にも仕事で出かけていくようになって、生活が一変しました。主人は最初、とても驚いていたと思います。優しい人で、私を認めてくれていたので、あまり何も言いませんでしたけれど。

それに朝は、食事の代わりに毎日ハーバライフの栄養シェイクを飲むようになって、食

バケーションで出かけたクルーズ船で

ハワイのバケーションでマーク·ヒューズと。
1999年1月11日

生活も大きく変化しました。朝食は1日の活力源、ミキサーを使って、いろいろとアレンジもしていますが、タンパク質もミネラル・ビタミンもたっぷりで、バランスの良い栄養はストレスを軽減するので、良い朝のスタートが切れます。

今では独立している娘、息子や孫たちにも欠かせない、低カロリーの栄養摂取食の朝食になっていきました。

主人は、相当とまどっていたと思います。妻が、なんだかよくわからない世界に巻き込まれていると思っていたのではないでしょうか。

最初はハーバライフに懐疑的で、何かと反対していた主人ですが、初めてのハワイのバケーションの様子を妹から聞いて、「これは嘘じゃない」と思うようになったのでしょう。何か変なものにはまっていると思っていた私の仕事を理解してくれるようになりました。

翌年からは、私に「今年は、バケーションはとれたか？」と聞いてくるようになります。主人も楽しみにしてくれますので、私は毎年バケーション達成を目指して年間目標を立てることにしました。そしてバケーションに招待されると、主人も必ず同行するようになりました。

わが主人ながら、面白いものです。バケーションでその世界的規模を見てから、ハーバライフビジネスを信頼してくれるようになり、応援もしてくれるようになっていきました。本当にうれしかったです。

毎年のバケーションには、私は妹とも一緒に行きたいので、1人分は実費を払い、毎回3人で参加しました。

主人にもプレジデントチームのピンが渡されます。そのピンを胸につけていると、会場でも、空港でも、いろいろな国の人からサインや握手を求められます。

夫がすっかり気をよくしてサインをしていた姿が今も目に浮かびます。

超豪華なご褒美ツアー

ポジションが上がるにつれて、さらに豪華なバケーションに毎年招待されるようになっていきます。年1回の達成者褒章バケーションは、素晴らしい待遇で、毎回夢の世界です。往復の便はもちろんビジネスクラス、ホテルは必ずスイートルームが用意されています。リゾート地が多いですから、海が一望できたり、ホテルのお部屋からの眺めも素晴らしいのです。

バケーションの行き先は、アメリカのフロリダ、メキシコのカンクーン、アメリカ領のセント・トーマス島、カリブ海クルーズも。アメリカ方面でよく知られているリゾート地だけでなく、ときにはエーゲ海クルーズも。

アジアでは、バリ島にはもう10回以上行っています。現地での友人もできて、日本移住

マーク・ヒューズのマウイ島別荘にて

に熱心にチャレンジされたのですが、難しかったです。

カリブ海に浮かぶアメリカ領のセント・トーマス島は、買い物をしても消費税や関税がかからないことで知られている無税の島です。アメリカ領で何を買っても税金がかからないのは初めての経験だったので、たくさん買い物をしてきました。うれしくて、大きなダイヤの指輪を買ってきたことを思い出します。ほとんど宝石箱で眠っていますが……。

妹夫婦と観光も楽しむ

バケーションではなくても、ハーバライフトレーニングで海外へ行くときも、プレジデントチームは特別で、最後の3日間ぐらいは、自由に過ごせるようバケーションの日程が設定されています。ハーバライフ社からは、お小遣いが手渡されて、好きに過ごしてくださいという感じです。

26年の間に、トレーニングやバケーションでどこの国々行ったのか？　あまりにも多くて思い出せないぐらいですが、本当に世界中に行かせてもらっています。主人も「ハーバライフしてくれてありがとう、世界中に行くことができたね」と。

現在はコロナで海外へは行けない状態ですが、収まったときには、また世界中の国々に出かけることになるでしょう。

これはシンデレラ物語？ね

ハーバライフのビジネスを始めてプレジデントチームになってからは、年収が月収に、あっという間に私の人生を変えていきます。税理士さんの勧めで、2軒目の家（カナダからの輸入住宅）を建てて引っ越しました。車もメルセデスベンツに。友人知人には私が一瞬で変わったように見えたのか。「シンデレラ物語」みたいねと言われた所以です。

このビジネスを始めたころは、私もいろいろな物を買いたい時期がありました。

「高級ブティック（1着10万円以上のものばかり置いている店）で値札を見ないで、何着も一度に買う」

と思っていた私は、あるとき実行してみたのです。映画の1シーンみたいに。「このラックにあるお洋服を、全部ください」みたいな。

1着10万円は下らない値段の服が、20着はあったでしょうか。でも棚買いは、一度やってみたら、もう満足。それからは、していません。最近は、買うことに興味がわかなくなってきて、何でもいつでも買えると思うと何の欲もなくなりました。

面白いものです。人間、いつでも、どんなものでも買えるようになると、物欲というか、購買欲がわかなくなるのです。そういえば、セント・トーマス島で買ってきた、あの特大のダイヤの指輪は？　指輪もアクセサリーもたくさん持っていますが、いまはほとんど身に付けていません。決しておしゃれ心がなくなったわけではないのですが。興味がなくなってきたのです。

新型コロナが流行するまでは、1年に7〜8回海外に出かけていました。多くの人の前でスピーチをしたり、パーティーに出たりしますから、お洋服はそれなりに必要ですが、日本から持っていかないで、現地調達することが多くなっています。幸い、海外の服でも比較的順応するサイズみたいなので。行きの荷物は少なくてすむので、気軽に出発できます。

ジム・ローンの言葉と出会う

ビジネスの哲学から発せられる言葉の力

Tさんが伝えてくれたハーバライフのビジネスから私は多くを学びました。ハーバライフ社の副社長をつとめておられたジム・ローン（アメリカの有名な成功哲学者で、世界各地で成功についての講演やセミナー活動をおこなって、多くの人たちを成功に導いていています）との出会いがあり、哲学を学び、私の人生に大きな影響を頂けました。

ハーバライフ社を創立したマーク・ヒューズは、3歳のときに父親が亡くなって、おばあさんと母一人子一人の家庭で育ちました。ぐれて少年院に入れられていたとき、先生として来られたジム・ローンと出会います。その考え方は、マークの人生を変えていきます。マークのお母さんはとても太っていて、お母さんを救いたいとの思いから、健康業界へ。人々の生活を向上させるという考えから、ハーバライフ社を立ち上げたときに、副社長としてジム・ローンを迎え入れたのです。

おかげさまで私は、ジム・ローンのトレーニングを何回か受けたことがあります。それまで主婦の考え方しかできなかった私ですが、自分の行動と考え方が変わっていったのです。

私が送ってきた人生は、小さな世界の中ですし、セミナーを受けた経験もありますが、あまり響かなかったと思います。学ぶ機会もそんなにたくさんあったわけでもありません。でも今、ここまで来れたのは、ただ良い製品に出会えただけでは、成功はしていなかったと思います。やはり考え方と行動を変えていったからです。

その基本になったのは、ハーバライフ創立者のマーク・ヒューズから学んだ「情熱と勇気と努力」！　そしてその原動力となったのはジム・ローンの言葉です。だからジム・ローンに出会ってなかったら、あのジム・ローンの名言集と出会っていなかったら、今の私はないと思っています。言葉の持つ力は偉大です。

あるとき、ジム・ローンは、トレーニングの会場の舞台から、こう言いました。

「自分自身が変わるから、周囲も変わっていくのです。今のあなたは、過去の考え方と行動の結果です。今の自分に満足できないならば、考え方も行動も変えない限り、今以上の人間にはなれませんよ」

「過去の考え方と行動で、今のあなたがいるのですよ。それで満足しているのなら、それでいいよ。けれども何かを変えたいと思うならば、考え方と行動を変えるように」

ジム・ローンはいろいろに言葉を換えて、この思想を繰り返し伝えてくれました。

考え方と行動を変えろと言われても、そのころの私には、何をどうしたらよいのかわかりませんでした。

講演を聞いた後、ジム・ローンの言葉が書かれた冊子や本を必死で読みました。言葉の力は大きいなということは感じましたが、彼が何を言いたいのかよく理解できていなかったと思います。

「困難は、自分の成長のためにやってくる」

このジム・ローンの言葉も自分を変えたと思います。大変なことがあればあるほど、早く自分が成長できるというのです。

ハーバライフでポジションが上がることと、ジム・ローンの言葉の意味がより深いところで理解で

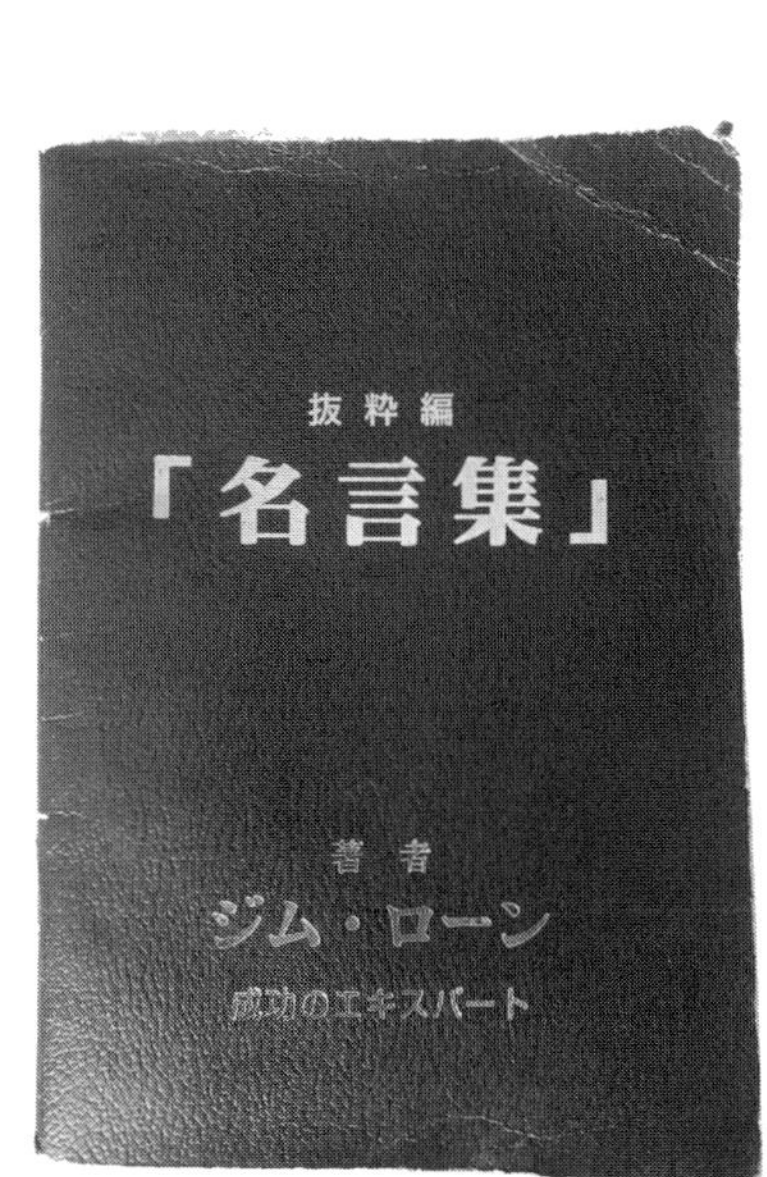

尊敬するジム・ローンの抜粋編「名言集」。私の愛読書

きるようになったことは、私の中で大きな相関関係がありました。

理解する→やってみる→言葉の意味を実感する→自信をもって行動する→より深く理解する→自分が変わる→達成する

あえて言えば、そんな順序でした。

そして、私は「自分自身が変わっていく」ことを実感するだけでなく、自分が変われば相手が変わる、まわりが変わることを実感し始めたのでした。

「何をしていくにあたっても、まず自分自身の考え方と行動を変える」

それをどのように変えるかは、何に出会うか、どんな本に出会うか、誰に出会うか。たぶんそこだったと思うのです。

ジム・ローンは副社長でしたから、私たちは常に会場でトレーニングを受ける機会がありました。そしてポジションを早く上げていきましたから、私には多くのお会いできる機会がありました。いろんなパーティーやマーク・ヒューズ邸に招待していただき、そこでジム・ローンにお会いできましたし、アメリカの会社には、そういう機会がたくさんあります。やはり、その出会いが大きかった上に、その機会をいつも作ってくださったマーク・ヒューズ社長にも心から感謝しています。

ジム・ローンは、来日して、日本の企業人に向けて講演されたことがあります。そのときにも、日本のハーバライフ関係者への講演会もしてくださいました。

ジム・ローンはすでに亡くなられているので、もう講義を受けることはできませんが、彼が残してくださった言葉は、常に私の心の寄りどころとなり、指針でもあります。

自身の成長とビジネスの成功

世界のトレーニング会場でスピーチ

自分自身がいつもラッキー、ラッキーと思っているから、幸運が来るような気がしています。なぜかいい方向に行くんです。私は幸運だなあと思います。

もしかしたら、人から見て大変なことも、あまり大変だと思っていないからなのかもしれませんが。どちらかというと、何か困難が来たときには、それを乗り越えたら、次に素晴らしい未来が開ける！みたいな考えです。本当にジム・ローンの言葉が頭の中に入り込んでいます。

だから、「困難なこと、よくそんなことできるね」と人が思うことを、困難と思ったことはないのです。「あ、私は次のレベルに行ける」と思っています。

ハーバライフとかかわってから、いつのまにかものすごくプラス思考になりました。

舞台で話す前にサインに応じて

トレーニングの会場では、世界中の成功者が登壇してスピーチします。本当にいろいろな国籍の人たちです。私もプレジデントチームになってからは、2万人ほどの方たちを前に、自らの成功体験を話すという大舞台を何回も経験させてもらっています。最初のときは、舞台の袖から中央に行くまで、ガタガ夕足が震えていたものでした。

舞台の中央までは、結構距離があるんです。舞台の下に集まった人たちから握手を求められるので、それに応じながら歩きます。そんな大きな舞台も、今はもう慣れてきました。今では、私の登場曲が決まっていて（自分でも好きな曲が選べます）その曲が流れると私が登場することが会場のみんなにわかります。

そして舞台の下からたくさんの方々が握手を求めて手を差し伸べてくださいます。登場曲が終わるまでは握手タイムですが、握手しきれないで終わります。

ＵＣＬＡの教授でノーベル医学・生理学賞を受賞された、ハーバライフ社の栄養諮問委員会メンバーのルイス・イグナロ博士が来日されたとき、光栄にも、先生の講演会の司会

トロフィーとメダルの数々

来日したイグナロ博士と

を務めさせていただき感激しました。

ハーバライフに関わっていなければ、そのような素晴らしい体験もできなかったでしょう。こうして普通の主婦では決してできない経験が、私に成長をもたらしてくれました。

チャンスをつかむ法則

自分の考え方を変えていくことができたのは、このビジネスを始めた26年前にマーク・ヒューズ社長とジム・ローンに出会ったことだと思います。それがなかったら、今の私はないでしょう。

ハーバライフ社は、製品の売り方を教える会社ではありません。自分自身の行動や考え方を変えてくれる会社なのです。自分が何かいい製品に出会えたとしても、根底にある自分の考え方を変えなくては、その製品は役に立たないのだと思います。これはすごく重要なことで、これから何をしていくにあたっても、まずはそこが一番大切なことじゃないかなと思います。

ハーバライフ製品との出会いの機会が与えられたことに対して、いい出会いと捉えるか、捉えないかは、私にはわからないことだったのに、何かの力に動かされたのかなと感じるのです。そうでなければ、見ず知らずの学習塾の先生のTさんが私のエステサロンに来られて話したことで、私が今ここにいるとは思えないのです。

「天は自分が望んだことをかなえている」。ジム・ローンの言葉です。こんなに簡単な哲学的な考えを自分の中に入れていくことで、自分が変われるのです。

ビジネスをするにあたって、「うまくいかなかったらどうしよう」「私にできるわけがない」「失敗したら恥ずかしい」などというマイナス思考がどうしても顔を出します。私の場合もそうです。

でも、挑戦するのか、挑戦しないであきらめるのかという選択肢も自分には与えられているのです。自分で望んだことに挑戦して、かなえていくのだと考えるように変えていったら、気持ちがとても楽になりました。

「人生には必ず3回、大きなチャンスが来ます。でもほとんどの人が、そのチャンスを見逃して生きてきているのですよ」

という教えを聞いたことがあります。チャンスを与えられているのに、自分でつかんでいないとは。

そう考えてみたら、3つのうちの1つを私は確実につかんだのだと、今は思っています。

人を育てる・人を大切にする

チームで仕事をしているので、成功するためには、自分の代わりができるクローンのようなメンバー、スタッフを作ることが必要だと思います。

最初は、会社の説明、製品の説明、マーケティングの説明、全て一人でこなしていました。何から何まで。それはマーク・ヒューズもしていたし、説明会を開いていたKさんもしていたからです。でも何から何まで一人でするのは大変です。

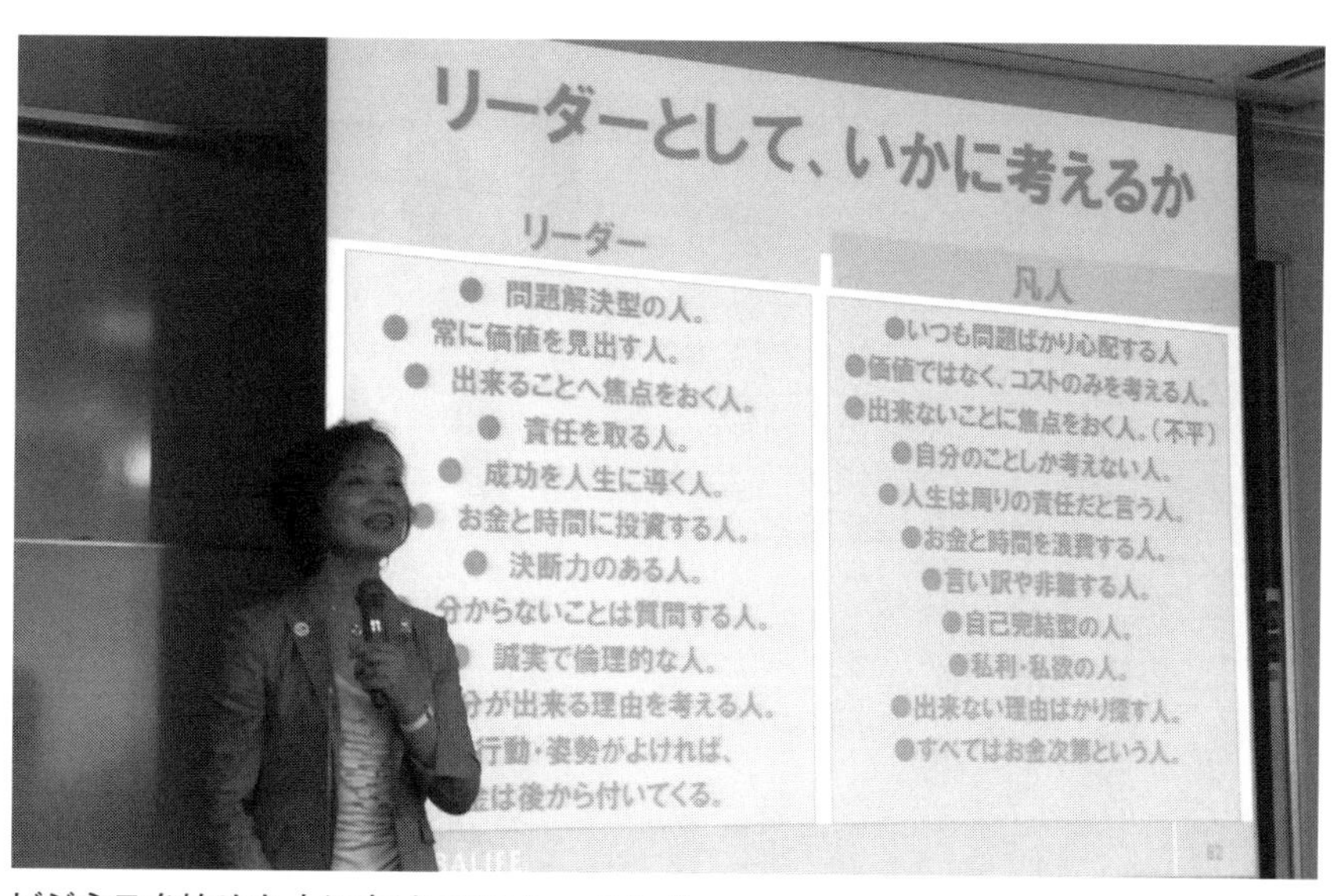

ビジネスを始めた人に向けてのトレーニング

今は、人を育てるために、「ここは○○さんが説明してね」というふうに、スタッフ、メンバーに振り分けています。役割を振り分けられると、みんな勉強して、責任を持って、話してくれるようになりました。スタッフ、メンバーが育ってくれて、私が全てをこなすことは以前より少なくなりました。それぞれのメンバーが成長していけるように見守っています。

栄養セミナーなどで話すときの役をメンバーに振ると、やっぱりみんな最初に話すことは、「こういうシェイクがあって、こういう食べ方でやせることもできます」などという話をする人が多いです。でもそういうとき、みんなに伝えます。

30年来の友人、YさんとKさん

「たとえば、ダイエットにしても、人それぞれのストーリーがあるでしょう。あなたのストーリーを語りながら、製品のよさを話すことで、人の心に訴えるものが生まれるのですよ」と。

私は、人とのご縁も大切にしています。

こんなこともありました。

エステサロンをしていたとき、待合室には、委託で頼まれていたミニブティックがありました。その洋服の営業マンの人がお店の外にやってきて、その日の最後のエステのお客様が終わるまで、じっと待っていることがあったのです。途中、その人が電話をしている声がたまたま耳に入ってきました。どうもその営業マンの抱える借金を肩代わりするといううまい話に乗ろうとしていたようです。私は、あまりにも危険そうなので、ちょっと声をかけました。それで、結局その人はその話に乗ることはやめたのです。

電話の相手は詐欺師のような人でした。話にのらなくて良かった、とご夫婦でご挨拶に来られました。

その人が、今では私の片腕として活躍してくれているKさんです。

Kさんが勤めておられた会社が、その後倒産し、ハーバライフで一念発起されたのです。前述のYさんとともに、ビジネスパートナーとして、そして30年来の友人として、良いお付き合いをさせていただいています。

夢中になれば楽しい！

ビジネスに対しては、夢中になることが大切だと思います。夢中だと、大変なことがあっても、つらくはないのです。いいえ、夢中は楽しいです。

このビジネスに出会って、本当に夢中になってしまった

ZOOM BUSINESS TRAININGのお知らせ

ので、1年と9か月でトップポジションまで行ってしまったのです。トップのポジションになったら、もっと楽しくなりました、何をしても楽しい。どこにいても楽しいです。

そして健康ビジネスなので、今では将来の健康と収入に何の不安もなくなりました。

会社に勤めても、何か自分のやりたいことをやっても、このように自分自身の力をやった分だけ認めて、評価してくれるところは、なかなかないのではないかと思います。就職経験もない主婦でしたが、ハーバライフの会社のマーケティングはすごいと思っています。ここまで来れたのは、この会社に素晴らしいトレーニングのシステムがあって、私でも学ぶ場所があったから。

そして世間知らずゆえに素直だったからかもしれません。

現在の成功を手に入れることができたのは、私がこれまで経験したことの全てが必要で、今、役に立っているのだと思います。

人生には無駄なことはなにもない。全て今あることに必要な体験だと思っています。

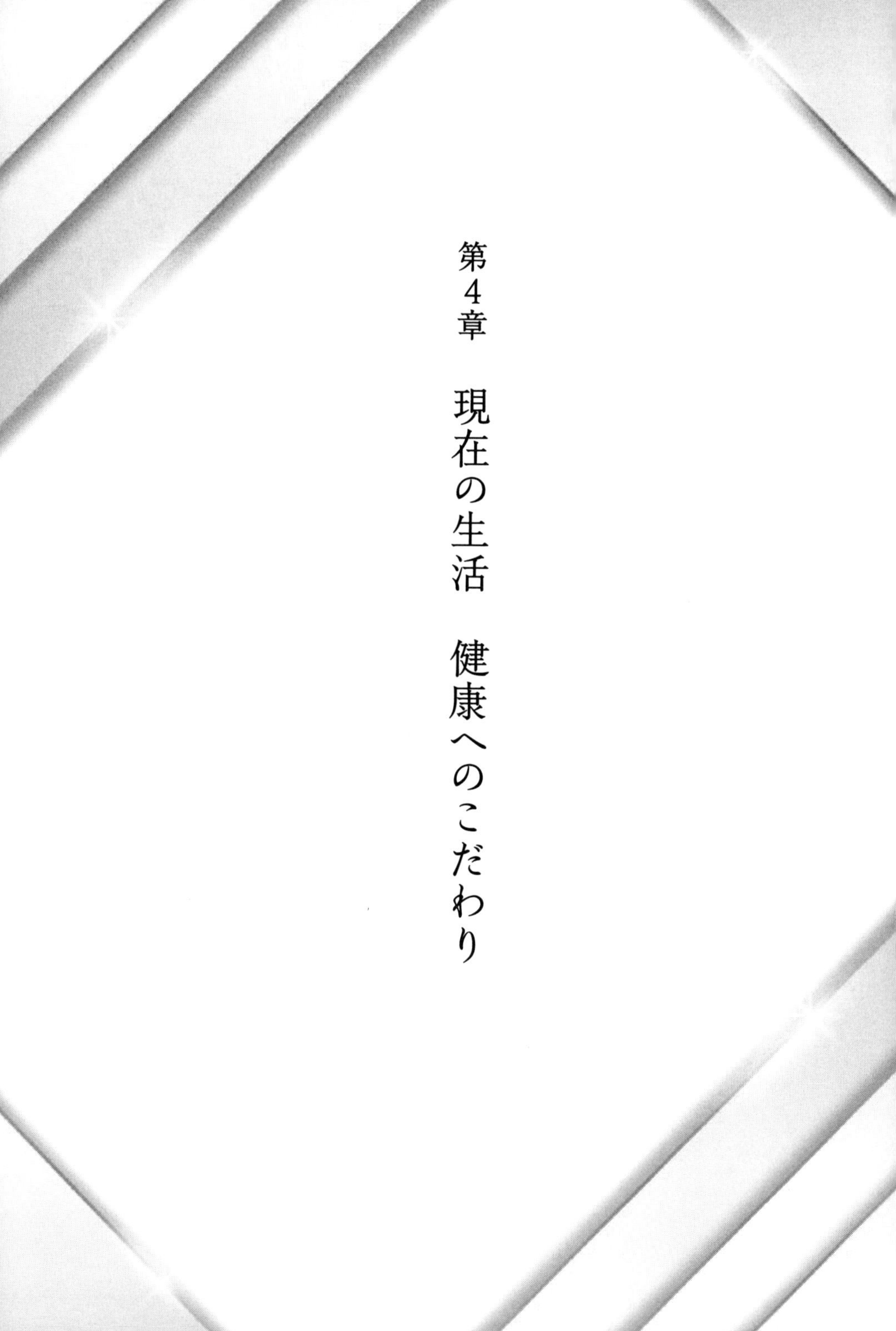

第4章　現在の生活　健康へのこだわり

プライベートライフ

2軒目の家

団地住まいから夫ががんばってくれて、1977（昭和52）年に最初の家を建てました。私36歳、夫43歳でした。大阪市内で土地が狭いので、3階建てでした。

その自宅1階でガレージを改装して経営していたエステサロンに、近くに住んでいる社長夫人がよく来てくださいました。その方は高級車を自分で運転して、どこへでも行かれます。自宅のお掃除は業者に頼んでおられ、「我が家は、いつも大掃除したようにピカピカなのよ」と聞き、そんな身分になりたいなぁ～と憧れていました。

また、先輩の家に行くと、ガレージのシャッターが車に乗ったままボタン一つで開閉できるのです。うちの車庫は、手動でシャッターの上げ下げをしていて、雨の日は濡れていましたので、またそれにも憧れていました。

主人と。カリブ海バケーションで撮影

1998(平成10)年のある日曜日の朝のことです。主人が朝刊の折り込みの中に、奈良学園前の高級住宅地の分譲住宅の広告を見つけ、暇つぶしに見に行ってみようかと。家はすでに3階建ての家に建て替えていたので買いたいわけではなく、好奇心で見に行ってみることにしました。現地へ行ってみると、家は悪くはなかったのですが、駅からバスに乗らなくてはいけないところなのです。帰りに生駒山の頂上の喫茶店でお茶をしながら、「バスに乗るところは、やはり不便だね」などと見てきた家の話をしていると、私たちの話が聞こえたのでしょうか、不動産屋さんだという見知らぬ人から声をかけられたのです。「家をお探しでしたら、近くによい土地があるので、ご案内しますよ。ついでに見に行かれませんか?」と。

どのみち暇つぶしに分譲住宅を見に来ていたのです。その方に案内してもらい、お勧めだという土地を見に行くことにしました。大阪郊外のその場所に行ってみると、まだ周りには何もない更地。でも駅から歩いて5~6分という立地なので、便利はよさそうなところです。

なんだか不思議なご縁で、その日は見学に連れていっていただきましたが、家はすでに主人の実家を私たち夫婦で設計して建て直していたので、その土地に家を建てようなどとは、夫も私も全く考えてもいませんでした。

ところが、翌日にその営業の人から電話が入り、人のよさそうな社長さんが我が家に来られて、「あの土地には、カナダの輸入住宅を建てる予定です」と言われます。

ハーバライフの仕事を始めて、5年経っていました。そのとき住んでいた便利な天王寺からは少し離れることになります。

それでも「おしゃれなカナダの輸入住宅」に、私と夫は少しずつ気持ちがひかれるようになっていきます。そして、とんとん拍子に話が進んで、新しい家を建てることになったのです。

家を探していたわけではないのですが、何事も人との出会い、ご縁なのだと思います。

今回は、夫と私の2人で建てる2軒目のマイホーム。間取りも前の家より進化させたいと考えて、設計に取り組みました。夫と私の2台の車の自動シャッター付きガレージを1階に。やはり3階建ての家にして、老後に備えて、エレベーターも付けました。雨の日も車から操作して開閉できるガレージにずっと憧れていましたが、新しい家でついに実現します。

棟上げまでは、本場のカナダ人の職人さんが建ててくれました。家の床材は、磨くほどにきれいなつやが出る材質のカナダの木材が使われています。輸入住宅は気密性や断熱性が高いといわれていますが、リビングルームやダイニングルームのガラス戸は、二重ガラスになっていて、間に空気層があり、住んでみて、その機能性の素晴らしさを実感しています。

建ててくれた建築会社は、その後倒産してしまって、今はないのですが、しっかり建ててくださったので、22年経った今も何の不具合もありません。

私たちが家を建てたときは、周囲には家がありませんでしたが、その後、周囲には輸入住宅がたくさん建ちました。

新築のときから、ずっと憧れていたプロの業者さんにお掃除もお願いしているので、今も新築のように気持ちよく過ごせています。

家がいつもきれいで片付いていると、心に余裕が生まれ、精神的にもおだやかになります。

春日大社万灯籠の夜に

2軒目の家は生駒山を挟んで春日大社の真西にあります。ある占い師の方から、ご縁の深い神社だと言われましたが、これまでも春日大社の参拝で不思議なことが起きたことがありました。時間が空いたときに急に思い立って行ってみると、神主さんと巫女さんの行列にお会いしたり、2礼2拍手で一心にお参りしていると涙が止まらなくなったり……。

そんな春日大社とのご縁と御利益を、あるお盆に改めて体験することができました。

2008年8月14日のことです。息子家族が誘いに来てくれて、奈良の春日大社の「中元万灯籠」に出かけました。孫に「おばあちゃんも浴衣着て〜」と言われて、私は急いで浴衣を着ました。

万灯籠は万物の霊に灯明をささげて、無病息災を祈る行事です。境内には約3000基の灯籠の炎が揺らめいていて、とても幻想的な雰囲気でした。境内をみんなで並んで歩いていると、いきなり呼び止められて、新聞社の取材を受けました。そして記者の方が、私と孫の浴衣姿を撮らせてほしいとおっしゃるのです。その後、境内の奥の普通は入れない場所に移動して、たくさん写真を撮っていただきました。

翌日の朝刊に、その写真が掲載されました。それも地元紙の奈良新聞だけでなく毎日新聞、読売新聞、産経新聞やオンラインにも。友人知人はもちろんのこと、近くの新聞販売店からも「昨日春日大社へ行かれましたか⁉」と電話がかかってきたりして驚きました。

新聞掲載のおかげで、あの万灯籠の夜は孫との特別な思い出になり、春日大社とのご縁をあらためて実感させていただいた出来事でした。

回廊のつり燈籠に灯をともす参拝者＝14日、奈良市春日野町の春日大社

祈りの灯　ほのか社殿

春日大社で中元万燈籠

奈良市の春日大社で十四日、世界遺産の境内を約三千基の燈籠（とうろう）で彩る「中元万燈籠」があり、大勢の参拝者が幻想的な夏の夜を楽しんだ。

燈籠は武運長久などを願って奉納された信仰の生き証人。午後五時半ごろ、花山院弘匡宮司が本殿前の「瑠璃（るり）燈籠」に点火すると、回廊のつり燈籠や参道に立つ約二千基の石燈籠にも次々と灯がともされた。

夕闇に沈んでいた回廊がほのかな明かりに浮かび上がり、浴衣姿のカップルや親子連れがうっとりと見とれていた。きょう十五日も行われ、午後七時ごろから回廊内が特別参拝できる。

東大阪市から家族で訪れた太田真弓さん(四〇)は「厳かな雰囲気に日本の伝統を感じました。来年も来たいですね」と話していた。

上:2008年8月15日奈良新聞の記事
下左:8月14日午後の私と孫
下右:夜になって主人と3人で

ベンツが大好き

運転好きの私には、愛車にも歴史があります。

自分でお仕事を始めるまでは、いつも夫の車の助手席に乗っていました。39歳で運転免許を取り、最初に買った私の愛車は、ホンダの赤いワンダーシビック、2台目はホンダのプレリュード、日産のローレル、三菱のディアマンテ。そしてベンツに乗ってから26年。

ベンツに乗るようになったのは、54歳の幸運な出会いから始めたお仕事で、最初は税金対策で税理士さんに勧められて購入したのがきっかけです。すっかり気に入って、私の愛車となり、それ以来26年間ベンツ一筋。最近7台目の車に乗り換えました。

車の運転は大好きなので、今もオフィスまで高速道路を走って通勤しています。

会社へ行くとき、ハンドルを握ると、ここまで来ることができた幸運に感謝がこみ上げてきます。

もう運転手さんをお願いしなければならない年齢になってきましたが……。

２０２２年2月に免許の更新をしたばかりなので、次の更新は3年後の84歳。まだまだ自分の運転は大丈夫だと思っていますが、でもそれが過信なんですよね。

バックがうまくできなくなってくると、免許は返納した方がいいと聞いたことがあります。そういえば、7歳年上の主人は運転がとても上手な人でしたが、84歳ぐらいから、バックがうまくできなくなったことを思い出します。

私は、今のところ、バックも以前と同じようにできていますが、人様にご迷惑をかけないうちにと考えています。

私は、記憶力はとてもいい方だと思っていますが、たまにはポカをすることもあります。先日、朝1階のガレージを開けたところ、「愛車がない！　え、盗まれた？」。でもガレージのシャッターは閉まっているので、そんなはずはありません。どこに行った？？？

前日の自分の行動を落ち着いて考えてみたら、朝は運転して会社に行きましたが、仕事を手伝ってくれている息子の車であちこち銀行回りをして、そのまま家まで送ってもらったのでした。私の車は会社のガレージに！
忘れていたことがおかしくて、思わず一人で笑ってしまいました。

占いと私

車にばかり乗っていると、足が弱るとよく言われます。だから、散歩を心がけています。我が家の近くには有名な神社があるので、休日には近くの公園から季節ごとのお花を楽しみながら、山手へと上がり、帰りは参道の商店街を歩いて下ってきます。ぐるりと回ると、結構な距離の散歩になります。

もう22年も住んでいますから、いまは、参道のお店に顔見知りの人がたくさんおられ、「ちょっと休んでいけば」と声をかけてくれたり。追いかけてきて、お店の残り物をくださったりで、人情のある街です。

そんなふうにして仕事がお休みの日は散歩を楽しんでいます。

神社の参道には、占いのお店がいっぱいあって、何十人というほど、占いの先生がおられます。私はよく歩いているので、空いていたら、「ちょっと寄っていったら」と呼び止められ、時間があるときは話し込んだりします。

占いって、自分の中で何か迷っているとき、背中を押してほしいようなときもあるので助かります。実は自分の中ではほぼ決まっていたりするのですが、誰かに背中を押してもらったら、すごくやる気になるというか……。

私にとって、占いは役に立っているなあと思っています。

80代になって、まだまだやれると思っていても、これからどのようにしようかなと思ったりすることがないわけではありません。

四柱推命などは統計学の一つと考えますが、占いの先生の中には顔を見ただけで話し始める方もおられます。私は長生きすると言われます。

「あなた、まだまだ元気よ。それまでトップでやらなければね」などと言ってくださるので、それに勇気づけられたりすることも。

母は66歳、父は58歳で亡くなっているので、私は生き過ぎだと思うこともあ

ります。でも、

「まだまだ、あちらの世界には行かせてもらえないですよ」って。

占いの先生は面白がって、さらに私に言います。

「90歳ね。次にやってくれる人がなかなか出てこないから、ここまでがんばらなければだめ」と言われます。

でも、私としては、

「そんなに長いこと生きるの、嫌だな。でも、最後まで健康で生かしてくださるのなら、天が命をくださる限り、ＯＫです」

と思うのです。

もう、占いの先生とは友達みたいな感覚で、いつも楽しく話をさせてもらっています。

「こんなことで悩んでいます」とか、全然具体的に話さないのですが、なんとなくタイミングよく、迷っていることに対するアドバイスを受けたと受け止めます。「ああ、そういうことなんだ」って。

日本のプロダクション・ボーナストップ3に選ばれて（2018年）

私はチームの組織の中でトップの地位にいますから、誰かに相談して決定するということが少なくなっています。やっぱり今考えていることに対して、回答をもらっている訳でなくても、それが答えだと自分で捉えているのかもしれません。そうすると、なんとなくやりやすくなるような気がします。あくまで占いは占いという感じですけれど。

ただ何に対しても、人間の弱い部分で、まだできるんだな～と思わせてくれるんです。そういうところで、占いは役に立つかなと思います。事業を拡げていくときとか、なにか背中を押してもらえるというのはあります。

香港の大会会場で

自分の思っていることをここでちょっと後押ししてもらいたいとか、自分なりに納得してやりたいとき、この先生がこう言ってくれたとか。違うことを言っておられるとしても、自分の中では思った通りの仕事をやっていこうみたいな。自分で考えているよりも、ずっとやる気になるのです。占いの先生が話されることを、自分勝手に捉えているようなところはあります。人間って本当に勝手なものです。

午前中の時間帯に仕事の予約が入っていなくて、午後から会社に出るときもあります。また、平日でも思いがけず早く帰れた日など、自分の仕事の都合に合わせて、気分が向いたときに散歩しています。

うちの会社のスタッフがとても気が利くので、お客様から一人予約が入ると、その近辺の時間帯に他の予約も入れていってくれるので、詰まるときは、一日中詰まるし、スケジュールが空ける日を作ってくれています。ここは入っていないところだから、空けておきましょうって。頼んでいるわけではないのですよ。だから、助かっています。

病気知らずの理由

27年間仕事を休んだことがない

ハーバライフの仕事を始めてから27年間、風邪をひいたことがありません。それまでは、年に2~3回はひいていました。

歯は2本インプラントにしていますが、あとは全部自分の歯です。歯茎がきれいだと歯医者さんに言われます。私は、歯医者さん以外で、健康保険証を使ったことがないのです。

怪我をしたことは一回あります。66歳のときです。脚立に乗って、カーテンを外そうとしたとき、フローリングの床に背中から落ちてしまいました。痛くて動けず、主人が帰宅するまで、落ちたままの格好でいました。時間外で診察してくれる病院に連れていってもらったところ、胸骨を骨折しているので、お医者様から2か月の入院、3か月の療養と言われたのです。治療法はなく骨がくっつくまで、固定してじっとしているだけだと言われたので、自宅療養にしてもらって、安静にしていましたが、1週間後には車で会社へ行きました。驚異的な回復力だと驚かれました。ハーバライフ食12年目のことでした。

今81歳にして、耳も人一倍よく聞こえ、老眼も何もなくて、小さい字でも普通に読めます。極力、裸眼で見ようとしてきたその効果でしょうか。眼鏡が必要ないというのは、本当にすごく便利です。眼鏡を探す必要がないですから。

最近は健康診断も全く受けていません。どこかちょっと不調があったら行こうかなとは思っていますが、インフルエンザの予防接種もしたことがないのです。以前は、外出すると頭痛がしたり、年に2~3回風邪もひいていたのですが、ハーバライフの栄養バランス食を取り入れてから26年余りになりますが、仕事を休んだことはありませんし、いつも元気です。この年で、健康でいられるのは、本当にありがたいと感謝しています。

バランスのよい栄養摂取

食事は、朝、昼と、午後3時のおやつにハーバライフの栄養バランスドリンクをいただきます。夕食は、なんでも好きなものを食べる生活をして27年目です。この生活パターンで、体に必要な栄養がしっかり摂れているからです。

アメリカのドクター曰く、バランスのよい栄養摂取は、人間が本来持っている免疫力や自然治癒力を上げていくことができると。

ハーバライフの栄養補助食品に出会えたのは、私にとって本当にラッキーだったと思っています。今、病院知らずの81歳で、将来の健康に不安がないということです。

おかげで、体重もずっと変わらないです。年を取ってきたら、少しずつ増える人が多いと聞きますが。若いときの服、今でも着られます。

本当に私自身は、どうしてこんなに元気なのかと考えてみることがあります。この年まで現役で仕事をして、演台で何時間も立ちっぱなしで話すことも。それをやり続けていることが元気の素の一つだと思いますが、やはりいい栄養補助食品に出会えたことでしょうか。いまこうして元気で生きている。そのように思っています。

健康維持の秘訣

27年間病気で健康保険証を使っていないとお話しすると、

「太田さん、どうしてそんなにお元気なのですか？　何かされていますか？」

と必ず聞かれます。

私が生活の中で心がけているのは、「全てを甘やかさない」ことです。

年をとってきたら、筋肉を使わなければ固まって動かなくなってきます。できるだけ、全て自分でします。

毎日の歯磨きはスクワットの姿勢でしています。今もピンヒールがはける81歳です。

また、「何か運動をされていますか？　スポーツクラブとかに行かれているのですか？」とも聞かれます。

スポーツクラブの年間パスを持っていると、かえって行かないものです。いつでも行けるというのが、ダメなんです。時間があったら行けばいいって。今日は行けなかったけど、明日行けばいいかと。だったら、毎週曜日を決めて行ったほうがよほどいいと思います。私の場合、スポーツクラブがすぐ近くにあったから入会したのですが、それも自ら体験してみてわかったことです。

オフィスでトレーニング

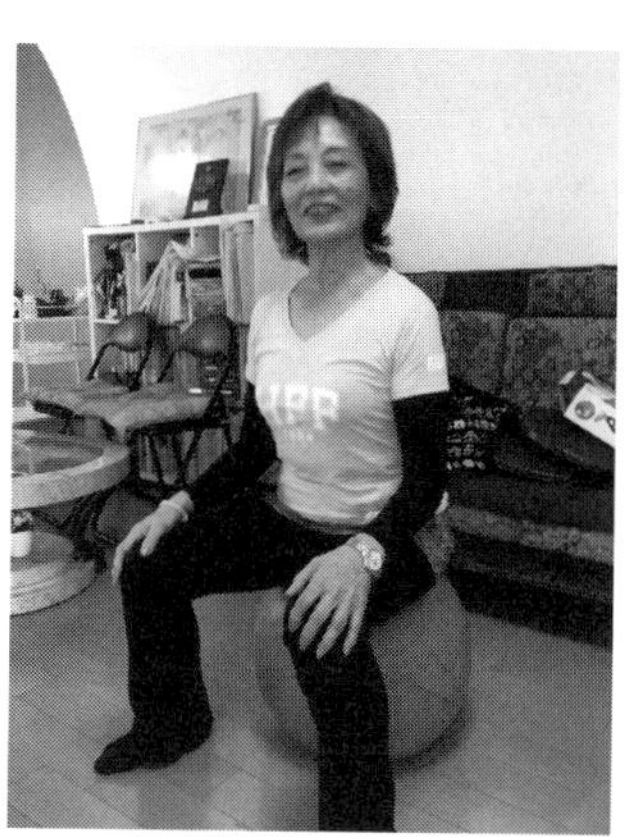
バランスボールを使って筋トレ

「いつでも行けるほど、いつでも行かないことはない」

スポーツクラブもなかなか行かないのだから、健康維持のために、毎日の生活の中で意識してできることをやろうと決めて、実行しています。

1　歯磨きしながら、スクワットをする

歯磨きは朝晩必ずしますから、そのときに、ひざを曲げて、バランスをとり、スクワット姿勢を続けたりしています。もうずいぶん前からやっているので、ひざが深く曲がります。かかとがちょっと高くなっているスリッパをはいてすると、効果が高いようです。

2　歩くときは大股で早歩き

毎日車通勤なので、あまり歩くことがありません。たとえば駐車場からオフィスまでの短い距離でも、歩くときは、大股で、早歩きをします。

3　エレベーターやエスカレーターには乗らない

毎日欠かさないスクワット

外出時には、できるだけエスカレーターには乗らず、横の階段を使います。老後のことを考えて、３階建ての家にエレベーターを付けましたが、旅行時のスーツケースなどの荷物などを載せることはありますが、私はいつも階段を使います。

家の階段は駆け上がりもします。それ以外には、あまり意識して運動していないです。

会社の近くにある大阪城内をみんなで歩くことがあります。オフィスから歩き始めるので、10キロくらいありますが、一人遅れたりすることもなく、若い人たちと同じペースで歩きます。以前、長女とコンサートに行ったとき、とても急な階段を上る５階の天井席でしたが、上り下りするのは全く平気でした。毎日のスクワットの賜物なのかもしれません。

健康とダイエットをサポート

第3章で詳述したように、私は50代になって中年ぶとりが気になっていたとき、ハーバライフ社のダイエット製品に出会ってその効果に驚き、経営していたエステサロンを改装して、生涯の健康、きれい、スリムをサポートするサロンにシフトチェンジ。それから半年後の1996（平成8）年に有限会社アイカコーポレーションを立ち上げ、現在も代表取締役を務めています。

2010（平成22）年5月には大阪市中央区に、ハーバライフ・コマーシャルクラブ（サロン）をオープン。肥満予防健康管理士の資格を取得し、ウェルネスコーチの知識を生かして、お客様のカ

栄養セミナーで話す

ウンセリングを通して、美しい体づくりをサポートすると共に、栄養指導や、個別サポートは週1回の予約制で、目標達成、リバウンドのない体づくりのサポート指導などもしています。

毎日の栄養バランスの大切さをお伝えして、食事の問題点と健康との関係、正しい栄養の摂り方などを学んでいただく栄養セミナーのほか、健康ダイエット教室や簡単フィットネス教室なども開催しています。

肥満は生活習慣病にもつながり、健康寿命に影響を与えます。少しでも多くの方が生涯健康で過ごしていかれるようにスタッフと共にサポートしています。

ダイエットなどの悩みを抱えて、私のところを訪ねてくださった方が、すっきりやせて、健康的になっていき、笑顔があふれる様子を拝見して41年余りになり、皆様のお役に立てることに日々喜びと感動をいただいています。

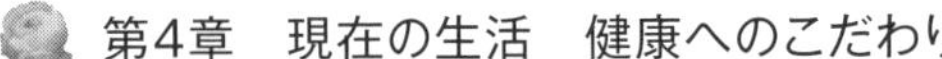

私を支えてくれている会社のスタッフ

アイカグループのビューティーフェスタ&クリスマスパーティー2016

終わりに

私は、１９４１（昭和16）年生まれ、この本が刊行される２月２日に82歳になります。54歳から始めたハーバライフの仕事を現在も続けています。

ハーバライフ社のビジネスが日本に入ってきて、１年あまり後にビジネスをスタートして、27年になりました。長女や長男は、主婦だった私が、急にビジネスに夢中になり、大きく成功していく様子を見て、とても驚いたようです。

80歳で仕事に区切りをつけることにして、一度引退したはずでしたが、ありがたいことに続けてほしいと要望されて、復帰。相変わらず、忙しい日々を送っています。

主人は２０１９年のお盆休みを家族で楽しく過ごした後、その年の９月に84歳で天に召されました。結婚生活55年の年でした。長男が夫の跡を継ぐことに

家族みんなで祝ってくれた金婚式

なり、会社を経営してくれています。

私は毎日、笑顔でワイングラスを持っている主人の写真に語りかけています。来世も夫と結婚したいと思っています。

長女は56歳、長男は54歳になりました。もうほとんど心配するようなこともなく、それぞれにすてきな家庭を築いています。孫は女の子2人、男の子1人の3人。男の子がまだ大学院生ですが、上の2人はすでに社会人です。

現在は一人住まいをしていますが、娘や息子が私の仕事も手伝ってくれていますし、何かと気遣ってくれますので、安心して毎日を過ごしています。私は本当に家族にも恵まれていると思っています。

仕事も充実していて、老後の不安は全くないので、とても幸せを感じています。「終わりよければ、全てよし」という言葉がありますが、この年齢で、このような言葉が言えることに自分でも感動を覚えます。これも全て家族や、私にかかわってくださった方々のおかげです。幸運な人生をいただけたことに、感謝の気持ちでいっぱいです。

80歳を迎えたときに、太平洋戦争勃発の年に生まれ、激動の昭和史を生きた一人として、私の歩んできた人生を、子ども時代から振り返り、一冊の本にまとめたいと思うようになりました。私の戦争のときの体験も、少しでも若い方たちに伝えられたらと思っています。

読んでいただいてありがとうございました。

太田浩代

最愛の主人

「夢中」が変えた私の人生
—主婦からビジネスのトップリーダーに—

2023年2月2日　第1刷発行

著　者　　太田浩代
発行者　　森恵子
装　丁　　武藤友江
発行所　　株式会社めでぃあ森
（本　社）東京都千代田区九段南 1-5-6
（編集室）東京都東久留米市中央町 3-22-55
TEL.03-6869-3426　FAX.042-479-4975
印刷・製本　　シナノ書籍印刷株式会社

ISBN978-4-910233-13-0　C0095